TRAITÉS INÉDITS

SUR LA

MUSIQUE DU MOYEN AGE

PAR

E. DE COUSSEMAKER

Correspondant de l'Institut,
Membre correspondant de l'Académie Impériale de Vienne,
Membre titulaire non-résidant du Comité Impérial des travaux historiques,
Associé de l'Académie Royale de Belgique, Membre honoraire de la
Société Royale des Antiquaires de Londres, etc.

III

M DCCC LXIX

1870

LILLE. — IMPRIMERIE DE LEFEBVRE-DUCROCQ, RUE ESQUERMOISE, 37.

TRAITÉS INÉDITS

SUR LA MUSIQUE DU MOYEN AGE[1]

Le tome III de nos Ecrivains sur la musique du moyen âge est presque entièrement consacré au XIVᵉ siècle. Il contient quarante traités à l'aide desquels on pourra désormais étudier cette époque de l'histoire musicale, restée jusqu'ici, pour ainsi dire, entièrement inexplorée. L'existence de certains de ces traités n'était pas ignorée des érudits, mais le plus grand nombre était inconnu. Tous ces ouvrages sont importants; tous ont leur utilité pour l'histoire de l'art.

Qu'on ne soit pas étonné de ce que beaucoup d'auteurs, en certaines parties de leurs ouvrages, répètent les mêmes choses. Il n'est guère possible qu'il en soit autrement, puisque tous enseignent la même doctrine ou à peu près la même. Qu'on se garde pourtant de croire que c'eût été une raison pour les éliminer de notre recueil. Nous n'avons pas pensé qu'il dût en être ainsi. En effet, à côté de répétitions, quelquefois fastidieuses, il se trouve presque toujours soit des explications qui viennent élucider des points

---

[1] Les lignes qu'on va lire sont la traduction de la préface latine mise en tête du tome III de notre collection d'écrivains sur la musique du moyen âge, ayant pour titre : Scriptorum de musica medii ævi nova series.

obscurs, soit des renseignements sur les artistes ou sur des compositions qu'on cherche-
rait vainement ailleurs. Qu'on ne se hâte donc pas de passer trop rapidement sur ce qui
semble n'être que la répétition de ce qu'on a vu; en le faisant, on se priverait de notions
utiles et nécessaires. C'est ce motif qui nous a déterminé à ne pas laisser à l'écart des
traités qui en apparence semblent faire double emploi avec d'autres, tandis qu'ils appor-
tent au contraire leur contingent d'instruction. Nous nous sommes borné à négliger
ceux qui nous ont paru ne contenir absolument rien qui ne fût déjà connu.

Et cependant notre tome III s'est trouvé rempli sans avoir pu y comprendre le traité
de Tinctoris. Nous l'avons vivement regretté; mais nous avons dû céder à d'impérieuses
nécessités. Grâce à de bienveillantes communications, les matériaux du plus grand intérêt
se sont tellement accumulés en nos mains pendant le cours d'impression du tome III,
que bientôt ils ont envahi tout le volume; nous avons ainsi dû omettre, pour le moment,
non-seulement Tinctoris, mais aussi d'autres écrivains importants du XIVe siècle tels
que Simon Tunstede et Theinred.

Fallait-il terminer ici notre recueil et laisser ces ouvrages ainsi que quelques autres
non moins importants? Cette question nous a un moment embarrassé; nous l'avons
soumise à quelques érudits en France et à l'étranger. Tous ont été d'avis que l'abandon
de ces écrivains formerait une lacune regrettable, et nous ont instamment engagé à la
combler. Ne voulant écouter que notre dévouement à la science, nous n'avons pas hésité;
nous donnerons donc un quatrième et dernier volume qui comprendra d'abord Tinctoris,
puis Simon Tunstede et Theinred, auxquels nous ajouterons Jean Gallois dit le Chartreux
ou de Mantoue, Antoine de Lucques, Nicolas de Parme et quelques autres.

Voici maintenant quelques notes biographiques et bibliographiques sur les traités
contenus dans le tome III.

I

BRÈVE COMPILATION DE LA MUSIQUE MESURÉE PAR MARCHETTO DE PADOUE.

Marchetto de Padoue, ainsi nommé sans doute parce qu'il était natif de cette ville,
vécut à la fin du XIIIe siècle et au commencement du XIVe. On ne connaît rien sur les
circonstances de sa vie. Ses relations avec le frère Syphante, dominicain de Ferrare,

dont nous allons parler dans un instant, peuvent faire supposer qu'il était lui-même chanoine ou religieux.

Marchetto est auteur de deux ouvrages d'un grand intérêt pour l'histoire de la musique : l'un intitulé : *Lucidarium musicæ planæ*, traite du chant ecclésiastique ; l'autre ayant pour titre : *Pomerium musicæ mensurabilis*, est consacré à la musique mesurée [1].

On trouve dans ces deux traités non-seulement des explications et des éclaircissements sur la pratique de l'art, mais aussi des idées théoriques qui sont en opposition directe avec les idées pratiques de l'époque. Ces idées sont-elles bien de Marchetto ? Quand on fait attention que Marchetto dit lui-même qu'il s'est fait aider dans la rédaction de ses traités par le frère Syphante, tant pour les dispositions de son livre que pour les explications philosophiques qui s'y trouvent [2], on est tenté de croire que les parties spéculatives sont l'œuvre du moine Dominicain, et qu'à Marchetto n'appartient que la partie pratique. Un passage de Jean Gallois, dit le Chartreux, semble confirmer cette induction.

Quoi qu'il en soit, et bien qu'on semble avoir attaché à ses idées théoriques plus d'importance qu'aux autres parties de ses œuvres, nous sommes d'avis que celles-ci sont pour le moins aussi intéressantes que les autres, par rapport aux éclaircissements qu'ils donnent sur l'état de l'art à la fin du XIIIe siècle. C'est là en effet qu'on trouve les premiers indices de la transformation qui était sur le point de s'établir dans la mesure et la notation.

On peut considérer la partie de son traité où il parle de ces modifications, comme la transition entre la doctrine ancienne (*Ars antiqua*) et la nouvelle (*Ars nova*). Mais la fin de son *Pomerium* où il en est question, est fort obscure dans l'édition de Gerbert ; les exemples y sont généralement fautifs. Ils sont plus exacts dans le traité que nous publions sous le titre de *Brevis compilatio* ; celui-ci est une sorte de commentaire de la fin du *Pomerium*. Il est surtout intéressant en ce qu'on y trouve des explications généralement claires sur les modifications pratiques qui s'opéraient tant en Italie qu'en France, et sur les différences qui séparaient alors les deux écoles. Nous donnerons à cet égard dans notre

---

[1] L'abbé GERBERT, Scriptores etc., t. III, pag. 64-188.   [2] Ibid., p. 65.

livre sur *l'Art harmonique au* XIVᵉ *siècle,* des détails que nous sommes obligé d'omettre ici. Le traité que nous publions est tiré du manuscrit de Saint-Dié dont nous avons déjà extrait plusieurs ouvrages importants [1].

II

EXCELLENTE INTRODUCTION AU CONTREPOINT PAR JEAN DE GARLANDE.

Nous avons exposé dans la préface du tome I [2] les motifs d'après lesquels, selon nous, il a dû exister deux personnages de ce nom, qui, à environ un siècle de distance, ont écrit sur la musique. Nous avons montré que le même auteur n'a pu composer à la fois le traité reproduit par Jérôme de Moravie [3] et celui dont Robert de Handlo [4] et Jean Hanboys [5] rapportent des passages. Le traité que nous publions ici est évidemment aussi du second, car la doctrine qui y est professée s'éloigne de plus d'un demi-siècle de celle du traité donné par Jérôme de Moravie.

Le premier, Jean de Garlande, est né en Angleterre, vers 1190. Après avoir fait ses premières études à Oxford, on le voit venir, vers 1210, à Paris, suit le cours de l'Université, il y prend ses grades et est reçu docteur. Quelques années plus tard, il ouvre une école au clos de Garlande d'où il est dit Jean de Garlande. En 1229, il prend part à la grève universitaire; il accepte une place de régent à l'Université de Toulouse, récemment fondée. Il retourne à Paris en 1232, y reprend son cours du clos de Garlande. Il continue son poème « *De triumphis ecclesiæ* », commencé à Toulouse. Les événements de 1232 sont les derniers dont il parle dans cet ouvrage, d'où l'on conclut qu'il est mort peu de temps après. Les faits que nous venons d'esquisser très succinctement ont été mis en relief avec une grande perspicacité par le savant professeur de l'Université de Toulouse, M. Gatien Arnoult [6].

Il n'y a pas le moindre doute que c'est du premier Jean de Garlande que parle Philippe de Vitry, en disant : « Johannis de Garlandia *quondam* in Studio Parisino exper-« tissimus atque probatissimus [7] ».

---

1 Voir les préfaces des t. I, p. XXII, et t. II, p. X.
2 T. I, p. IX.
3 Ibid., p. 97.
4 Ibid., p. 383.
5 Ibid., p. 403.

6 JEAN DE GARLANDE, docteur-régent de grammaire à l'Université de Toulouse, 1229 à 1232. Quatrième leçon du cours de philosophie à la Faculté de Toulouse faite le 9 janvier 1866.
7 SCRIPTORUM etc., t. III, p. 23.

Tous ces faits, cela est évident, ne sauraient se rapporter au Jean de Garlande qui, dans ses écrits, professe la doctrine musicale dont l'invention est attribuée à Philippe de Vitry. Il faut donc en conclure que le traité publié ici appartient au xive siècle et a pour auteur un Jean de Garlande autre que le maître de l'Université de Paris du commencement du xiiie siècle.

Notre traité se trouve dans un manuscrit de l'abbaye d'Einsideln du xve siècle [1]. Le R. P. Schubiger, religieux de ce monastère et l'un des plus savants musiciens de l'Allemagne, a eu la bonté d'en faire pour nous une copie de sa main. Nous saisissons avec empressement l'occasion qui nous est offerte de lui en adresser publiquement tous nos remerciements.

III
L'ART NOUVEAU PAR PHILIPPE DE VITRY.

Philippe de Vitry, le célèbre écrivain musical et compositeur, était-il le même que l'évêque de Meaux portant le même nom? Cela a paru incertain, mais l'affirmative ne saurait plus aujourd'hui souffrir le moindre doute.

Il est vrai que Dom Toussaint en disant que « Philippe s'étoit appliqué à la musique » [2], et Rigolet de Juvigny en écrivant que Philippe « était grand musicien » [3], ne citent aucune autorité à l'appui de leurs assertions. Mais il n'en est pas de même des auteurs du « Gallia Christiana ». Ceux-ci étayent leur opinion d'un double témoignage, savoir d'un passage de Gasse de la Vigne [4] et d'une lettre de Jean de Muris, sans toutefois produire ces documents. Voici les vers de Gasse de la Vigne :

> Et si l'oisel se va baigner....
> On ne le doist mie blasmer....
> Car garison selon nature
> Désire toute créature.
> De sa douleur, si comme dist
> Un acteur, qui le nous escrist,
> En un motel qu'il fist nouveaulx,
> Et puis fu évesque de Meaulx.
> Philippe de Vitry eut nom,
> Qui mieux seut motets que nul hom [5].

Rien à objecter, ce nous semble, à ces paroles qui sont aussi formelles que possible. Quant à la lettre de Jean de Muris, nous n'en connaissons d'autre que celle qui porte pour titre : « Epistola Johannis de Muris ad Philippum de Vitriaco Episcopum Meldensem [1] », et qui commence ainsi :

> O Philippe, tuo mihi qui tua vota jubere
> Tu venerande potes, presencia corrige metra
> Que tibi devovens, ut ei qui unus in orbe
> Dignior hoc opere titulum cum codice trado etc.

C'est là sans nul doute l'épître qu'ont eu en vue les auteurs du « Gallia Christiana ». Si cette épître, qui n'est autre qu'un petit traité sur les nombres harmoniques, n'a pas par elle-même une force probante pour démontrer l'identité qu'il s'agit d'établir, elle en acquiert une plus grande en la rapprochant d'un autre document d'où il suit que Jean de Muris, en dédiant son poème, s'adressait non à l'évêque, mais au musicien. Ce document est un autre petit traité sur les nombres harmoniques [2], composé en 1343 [3] par Léon Hébreu, à la demande de Philippe de Vitry, qu'il qualifie d'un des maîtres les plus distingués du royaume de France. Voici comment s'exprime Léon Hébreu : « In Christi « incarnationis anno 1343, nostro opere mathematico completo, fui requisitus a quodam « eximio magistrorum in scientia musicali, scilicet a Magistro Philippo de Vitriaco « de regno Francorum, ut demonstrarem etc. »

Il faut donc admettre comme constant que Philippe de Vitry a été à la fois poète, musicien et évêque. Nous allons le considérer ici comme musicien ; mais auparavant il est nécessaire d'esquisser les diverses phases de son existence. En cela, nous allons prendre pour guide la notice si complète, si pleine de recherches et d'érudition que

---

1 Cette lettre nous a été obligeamment communiquée par M. Léopold Delisle.

2 Le traité de Léon Hébreu se trouve dans le Ms. 7378, A, de la Bibliothèque impériale de Paris. Nous en avons donné la description dans notre « Histoire de l'harmonie du moyen âge », p. 214. Voici les modifications que nous avons à y faire : le premier traité, qui commence au f° 41 par ces mots : « Quoniam musica », etc., est le traité de *Musique*

spéculative de Jean de Muris. Le dernier traité, f. 61, est le seul qui porte le nom de Philippe de Vitry et ce n'est aucun de ceux que nous publions. Il traite des intervalles, des notes, des perfections et imperfections, des pauses, etc. Malgré le réactif qu'on a fait passer sur l'écriture du manuscrit, celle-ci est restée illisible dans sa plus grande partie.

3 C'est par erreur que dans « l'Histoire de l'harmonie au moyen-âge », p. 214, on a imprimé 1303.

M. Tarbé, correspondant de l'Institut, a placée en tête de sa publication intitulée : « Les œuvres de Philippe de Vitry ».

M. Tarbé examine d'abord quel était le lieu de sa naissance. Parmi les onze endroits portant le nom de Vitry, six sont situés en Champagne. Il pense que Philippe est originaire d'un de ces derniers ; il se fonde sur ce qu'on voit plusieurs membres de cette famille figurer dans les annales champenoises, et sur ce qu'Eustache Des Champs énumère Philippe de Vitry parmi les écrivains distingués fournis à la France par la province qui l'avait vu naître ; ce qu'il n'eût pas fait, s'il ne l'avait considéré comme Champenois [1].

Ces raisons ont certainement une grande valeur. Nous devons toutefois faire remarquer que, selon Burney, Philippe de Vitry serait originaire d'Auvergne [2].

Pour chercher à fixer la date de sa naissance, le même écrivain établit d'abord que Philippe de Vitry, l'un des secrétaires de Philippe le Bel, ne peut avoir été l'évêque de Meaux, puisque celui-ci est mort en 1361 ; et comme ce dernier a aussi rempli les fonctions de secrétaire de Charles le Bel de 1321 à 1327, il en conclut, avec raison, selon nous, qu'il était fils du secrétaire de Philippe le Bel ; il place sa naissance entre 1285 et 1295.

Philippe de Vitry fut d'abord maintenu par Philippe de Valois parmi ses secrétaires ; le même prince le nomma ensuite maître de requêtes. Plus tard, Jean, duc de Normandie, ajouta à sa place de maître de requêtes celle de membre de son conseil privé.

Pendant ces temps de troubles occasionnés par la présence des Anglais sur le territoire français, Philippe de Vitry paya de sa personne, en prenant les armes pour la défense de la patrie.

Il accompagnait souvent le Roi dans ses voyages. En 1350, Vitry avait préparé à son auguste maître un accueil bienveillant auprès du Souverain-Pontife à Avignon. Lorsque le Roi partit pour le Languedoc, Philippe de Vitry resta à la cour papale où lui furent conférés probablement les grades ecclésiastiques nécessaires pour occuper la dignité qu'on lui destinait.

---

1 Tarbé, Œuvres inédites d'Eustache Des Champs. T. i, p. 147, 148.— T. ii, p. 414, 416.

2 His seventh chapter (tractatus Thomæ Tewkesbury adscripti) has for title, *de Figuris inventis a Francone, et de Inventione Minime*, which last, he says, was added by Philip de Vitriaco of Auvergne, the flower of musicians in the whole world. — « A general History of music ». T. ii, p. 209-212.

Avec cette mission finit sa vie publique. Bientôt après il fut nommé évêque de Meaux. Il remplit ses fonctions religieuses avec le même zèle et le même dévouement qu'il avait déployés dans sa carrière publique.

Philippe de Vitry avait été marié; il eut plusieurs enfants qui occupèrent des fonctions élevées.

C'est pendant sa carrière politique, et au milieu de l'agitation de l'époque, qu'il trouva néanmoins le temps et le loisir de s'occuper de poésie et de musique.

Son principal titre littéraire est la traduction des *Métamorphoses d'Ovide* [1].

Voyons maintenant ses mérites comme musicien.

Une mention de Léon Hébreu que nous avons rapportée plus haut, montre que Philippe de Vitry était considéré comme l'un des musiciens les plus distingués du royaume de France. Théodore de Camp, dans son *Traité de musique mesurée* [2], l'appelle « la perle et la fleur des chanteurs ». Symon Tunstede et un anonyme anglais du même temps l'appellent « la fleur des musiciens de l'univers entier [3] ».

Telle est l'opinion des écrivains sur la musique; celle des autres auteurs n'est pas moins formelle. En tête de ces témoignages, il faut placer celui de Pétrarque qui lui adresse une lettre avec cette suscription : « Ad Philippum de Vitriaco musicum [4] ».

Eustache Des Champs met sur la même ligne Guillaume Machault et Philippe de Vitry, en constatant leur réputation de poètes et musiciens :

> Vitry, Machault de haute emprise,
> Poetes que musique et chier [5].

Le nom de Philippe de Vitry se rencontre fréquemment sous la plume des historiens Anglais; William Cornish, maître de chapelle de Henri VII, place Vitry à côté de Boëce, Guido d'Arezzo et Jean de Muris :

> And the first pryncipal, whose name was Tuballe,
> Guido, Boice, John de Muris, Vitryaco, and them al [6].

---

1 Tarbé, Les œuvres de Philippe de Vitry.
2 Voir Scriptorum etc., t. III, p. 491.
3 Ibid., p. 337.
4 Paulin Paris, les Manuscrits françois, t. III, p. 480.
— Dans l'édition de Crespin à Lyon, 1601, la lettre

porte pour suscription « Franciscus Petrarcha, Philippo de Vitriaco musico ».
5 Œuvres inédites d'Eustache Des Champs, t. I, p. 147.
6 Burney, A General History of musik, t. II, p. 209.

D'autres témoignages encore pourraient être invoqués, mais il est temps d'examiner en quoi consiste le mérite de Philippe de Vitry.

Tous les auteurs du temps sont d'accord pour lui attribuer certaines inventions, certaines modifications qui ont fait de la musique harmonique un « art nouveau », eu égard à ce qu'elle était auparavant. Ces inventions et modifications consistent principalement dans les trois choses suivantes :

1º Admission de la tierce et de la sixte comme consonances ;

2º Admission du rhythme binaire et adoption des proportions numériques, comme base des mesures.

3º Admission de notes de valeur moindre que la semibrève, appelées minimes et semiminimes ; emploi de notes rouges mêlées aux noires.

L'auteur d'une poétique manuscrite, faisant partie de la bibliothèque de feu Montmerqué[1], membre de l'Institut, semble avoir résumé en quelques mots les inventions de Philippe de Vitry, dans ce passage

« Après vint Philippe de Vitry qui trouva la manière des Motés et des Ballades et des « Lais et des simples Rondeaux, et en la musique trouva les iiij prolations et les notes « rouges et la noveleté des proportions[2] ».

Nous devons nous en tenir à ces simples mentions, l'exposé et le développement de ces faits importants dépasseraient la place dont nous pouvons disposer.

Philippe de Vitry était à la fois musicien et théoricien ; comme compositeur, il est auteur d'un recueil de motets et de ballades mis en musique par lui. Malheureusement ce recueil semble perdu ; du moins on n'a aucune indication sur son existence. Toutes les recherches que nous avons pu faire n'ont abouti qu'à trouver une seule pièce entière, plus les titres de quelques autres[3]. Le mérite de cette pièce et l'influence qu'ont exercée les compositions de Vitry, seront l'objet d'un examen particulier qui aura sa place dans notre livre sur *l'Art harmonique au* xive *siècle.* Ici il ne sera question que de ses œuvres

---

1 Ce manuscrit porte pour titre : « Cy commencent les règles de la seconde rectorique ».
2 Tarbé. Ibid., p. xiv. — F. Wolf. Ueber die Lais, p. 141.

3 C'est par erreur que, dans une note fournie par Jung à M. Tarbé (Les œuvres de Philippe de Vitry), on voit figurer un certain nombre de pièces attribuées à Philippe de Vitry ; elles ne sont pas de lui.

théoriques et doctrinales. Nous avons trouvé quatre traités qui lui sont attribués; ils sont publiés dans notre troisième volume.

Le premier traité a pour titre : *Ars nova;* il existe dans un manuscrit de la Bibliothèque Barberine, à Rome (n° 84), et dans un autre de la Bibliothèque du Vatican (n° 5321). Une copie faite au siècle dernier pour le Père Martini, d'après le manuscrit de la Bibliothèque Barberine, et conservée au Lycée musical de Bologne, a servi de base à notre édition.

L'auteur y traite de la musique feinte comme utile et nécessaire pour obtenir de bonnes consonnances et éviter les dissonnances. Dans les chapitres sur la variété des modes parfaits et imparfaits, sur les notes rouges, etc., il expose les nouveautés qui lui sont attribuées.

IV

L'ART DU CONTREPOINT PAR PHILIPPE DE VITRY.

Ce traité se trouve dans quatre manuscrits : un de la bibliothèque Vallicellane, à Rome; un du monastère d'Einsideln; un de la bibliothèque Médiceo-Laurentienne, à Florence; et un de la bibliothèque du Lycée musical de Bologne.

Le manuscrit de la Vallicellane porte le n° 83; l'écriture est du xvᵉ siècle. Il contient, outre le traité de contrepoint de Philippe de Vitry, trois ouvrages de Jean de Muris, un abrégé du « Pomerium » de Marchetto de Padoue, le traité de Nicolas de Capoue [1], et plusieurs autres anonymes [2].

Le R. P. Schubiger, moine Bénédictin d'Einsideln, a eu la bonté de nous envoyer une copie de ce traité d'après un manuscrit de la bibliothèque de son monastère; il en donne la description : « Ce manuscrit, dit-il, qui porte le n° 689, fut acheté en 1841 à un libraire de Brescia, par le P. Morel, bibliothécaire de notre monastère. »

« Il paraît avoir été écrit à Padoue au commencement du xvᵉ siècle. L'écriture en est nette et soignée. Il contient six traités :

« 1° folio 1-44 : Marcheti de Padua Lucudarium. — Ce traité a été publié par l'abbé « Gerbert, d'après un manuscrit de la bibliothèque Ambrosienne [3]. »

---

1 Ce traité a été publié par A. de la Fage, dans ses « Essais de diphthérographie musicale », p. 239.

2 Ibid., p. 239.
3 Scriptores etc., t. III, p. 63.

« 2º fol. 44-45 : « Optima introductio in contrapunctum pro rudibus ».— L'auteur de
« ce traité inédit paraît être de Jean de Garlande. »

« 3º fol. 46-51 : « Ars contrapunctus secundum Philippum de Vitriaco ». — Ce traité
« est resté inconnu jusqu'à présent. »

« 4º fol. 51-56 : « Tractatus de contrapuncto per Prosdocimum de Beldemandis ». —
« L'auteur, natif de Padoue, a écrit plusieurs traités, la plupart inédits. »

« 5º fol. 75-81 : « Libellus monocordi compilavit Prosdocimus de Beldemandis ».— Ce
« traité de plain-chant est le seul de cet auteur qui ait été imprimé; il l'a été, paraît-il [1],
« par les soins de Maître Antoine de Ponteveco. »

« 6º fol. 81-83 : « Divisio monocordi ». — L'auteur de cet ouvrage, malheureusement
« incomplet, est inconnu. »

« 7º fol. 83-89 : « Libellus practicæ cantus mensurabilis secundum Johannem de
« Muris. » — Ce traité est resté inédit jusqu'à présent. »

« 8ª fol. 91-100 : « Rubrice theorice cantus secundum Johannem de Muris ». — Ce
« traité a été publié par l'abbé Gerbert, sous le titre de « Johannis de Muris Musica
« speculativa » [2]. »

« Ce manuscrit contenait en outre deux autres traités qui n'existent plus. Cela résulte et
« de la table du volume et de la lacune qu'on remarque dans la pagination. Le premier,
« qui occupait les fol. 57-75, portait, d'après la table, les rubriques suivantes : « Libellus
« cantus mensurabilis. Prologus. Tractatus. 1, De sex figuris; 2, De prolatione, de plu-
« ribus regulis declaratoriis (sic) predictorum; 3, De alteratione; 4, De puncto; 5, De
« signis, de declaratione (sic) predictorum; 6, De ligaturis; 7, De pausis; 8, De syncopa;
« 9, De diminutione; 10, De augmentatione; 11, De colore; 12, De (talea?) Nichil
« deest. »

Le second, qui occupait les fol. 100-116, portait, d'après la même table, le titre et les
rubriques que voici : « Rubrice tractatus secundum Antonium Monachum ac Paduanum :
« 1. De Prologo; 2, De divisione proportionis; 3, De divisione proportionis majoris ine-

---

1 Schilling, « Universal Lexicon der Tonkunst »,   2 Scriptores de musica sacra etc., t. iii, p. 256.
verbo Beldemandis.

« qualitatis ; 4, De duplici proportione composita ; 5, De proportione rationalis minoris
« inequalitatis. Tractatus II, de proportionibus musice mensuralis applicabilibus. »

« Il n'est pas certain que ces deux traités soient tout à fait perdus ; ils existent peut-
« être dans quelques bibliothèques d'Italie. Quoi qu'il en soit, il est certain que parmi
« les huit traités de notre manuscrit, il en est six qui n'ont pas été publiés et qui sont
« dignes de l'être, dans l'intérêt de l'histoire de la musique. »

Le manuscrit de la bibliothèque Médicéo-Laurentienne, marqué Plut. xxix, cod. 48,
est un précieux volume du xv⁰ siècle, contenant dix-huit traités et des extraits, parmi
lesquels on remarque les œuvres de Guido d'Arezzo ; le traité d'Aurélien de Réomo publiés
par Gerbert ; celui de Jean de Muris édité dans notre t. iii, sous le n⁰ vii ; le traité de
contrepoint de Philippe de Vitry dont il s'agit ici, et quelques anonymes au nombre
desquels figure celui que nous donnons dans le même volume sous le n⁰ xxv.

Le manuscrit du Lycée musical de Bologne est une copie de celui de Florence.

C'est d'après ces quatre manuscrits que notre édition est faite.

L'art du contrepoint se divise en trois parties : la première traite des intervalles ;
la deuxième, de la musique feinte ; la troisième, du contrepoint et des intervalles harmoniques qui doivent y entrer. C'est là que, pour la première fois, on voit employer le mot
« contrepoint », et les noms de « tierce », « sixte », « quinte », « octave », donnés aux
intervalles appelés auparavant ditonus, tonus cum diapente, diapente diapason.

V

L'ART PARFAIT SELON PHILIPPE DE VITRY.

Ce traité est tiré d'un manuscrit appartenant à un bibliophile de Vienne qui nous est
inconnu, mais qui a permis au savant et regretté Ferdinand Wolf, notre ami, l'un des
secrétaires de l'Académie Impériale de Vienne, d'en faire faire une copie pour nous.
Ce manuscrit, outre le traité de Philippe de Vitry, contient les suivants :

1⁰ Un traité anonyme que nous avons publié dans notre t. iii, p. 398.

2⁰ De contrapuncto Philippoti Andreæ, Artis novæ. — Ce traité est édité dans le même
volume pag. 116.

3⁰ Tractatus Magistri Philippoti Andreæ, Artis novæ. — Ce traité porte par erreur le nom de Philippe André ; il appartient à Philippe de Caserte. Nous l'avons publié avec les variantes du manuscrit de Vienne, dans le même volume, sous le n° xii.

A la suite de ce traité se trouvent : 1° une division du son en neuf comma ; 2° une table de Pythagore ; 3° une pièce de musique a deux parties, écrite en forme de harpe. Elle commence par ces mots : « La harpe de mélodie, etc. » Elle existe aussi dans un précieux manuscrit du duc d'Aumale ; elle y porte pour auteur le nom de Senleches. Nous la publierons dans « l'Art harmonique au xive siècle ».

VI

LIVRE DE MUSIQUE PAR PHILIPPE DE VITRY.

Ce traité se trouve dans un manuscrit de Strasbourg, marqué 222, c. 22. D'après une mention qui se trouve à la fin, il a été écrit en 1411. Selon Jung, l'un des derniers bibliothécaires, le copiste serait Henri de Laufenbourg, auquel il assigne aussi les compositions dans le même manuscrit qui portent le nom de Henri. L'écriture du manuscrit étant la même que celle qui a été remarquée par Jung dans d'autres manuscrits comme émanant d'une manière certaine de la plume de Henri de Laufenbourg, il y a lieu d'admettre cette assertion ; mais non la seconde qui consiste à attribuer à Henri de Laufenbourg les pièces de musique portant le nom de Henri. Le manuscrit en effet contient des compositions de trois artistes portant le nom de Henri : Henri Hessmann, de Strasbourg ; Henri de Fribourg (de Libero Castro), et un autre Henri, qui est vraisemblablement Henri de Laufenbourg.

Le manuscrit se divise en deux parties : la première contient : 1° le traité de Philippe de Vitry dont il s'agit ici ; 2° un petit traité en allemand que nous publions dans le tome iii des *Scriptorum,* sous le n° xxxvi ; 3° un intitulé : « Von der monocordion » ; 4° un autre intitulé : « De organis » ; 5° et enfin un dernier intitulé : « Aliæ regulæ ». Celui-ci renferme des instructions sur les minimes ; il est publié dans le même volume sous le n° xxxvii.

La seconde partie contient deux cent vingt-une compositions à deux, trois et quatre parties, des xive et xve siècles, les uns avec nom d'auteur, les autres anonymes.

Pour ne point dépasser les limites de cette préface, nous sommes obligé d'omettre, pour le moment, ce que cette partie offre d'intéressant pour l'histoire de l'art. Il en sera parlé dans le travail que nous préparons et qui ne tardera pas à voir le jour.

Revenons au traité de Philippe de Vitry. Bien que le manuscrit de Strasbourg soit le seul où se trouve cet ouvrage, rien ne semble contredire cette attribution ; tout au contraire vient la confirmer. La doctrine de Philippe de Vitry exposée dans les précédents traités, semble rédigée dans celle-ci d'une manière peut-être plus claire et plus méthodique, ce qui fait supposer qu'il a été écrit postérieurement aux autres.

VII

LIVRE PRATIQUE DU CHANT MESURÉ SELON JEAN DE MURIS.

Dans la préface du tome II, nous avons rapporté ce que l'on savait sur la vie et les principaux ouvrages de ce célèbre théoricien. N'ayant rien appris de plus, nous ne pouvons que nous référer à ce que nous avons dit. Nous rappellerons seulement les réserves que nous avons faites au sujet des traités sur la musique mesurée et sur le déchant.

Parlons d'abord du traité sur la musique mesurée qui lui est attribué.

Dans la plupart des manuscrits, ce traité porte pour titre : « Libellus practice cantus mensurabilis *Secundum Johannem de Muris*. Aucun ne donne des indications authentiques prouvant qu'il sort de sa plume ; mais tous les manuscrits et tous les auteurs du temps sont unanimes pour considérer la doctrine qui y est professée comme appartenant à Jean de Muris.

Les manuscrits qui contiennent ce traité sont nombreux. Les principaux se trouvent dans les bibliothèques de Paris, de Saint-Dié, d'Einsideln, de Rome et de Pise.

Les auteurs qui l'ont reproduit soit en le commentant, soit en s'en appropriant la doctrine, ne le sont pas moins : nous citerons Henri de Zélande[1] ; Ugolin d'Orvieto[2] ; Antoine de Lucques[3] ; Chrétien Sadzé de Flandre[4] ; Prosdocime de Beldemande[5].

---

1 Voir plus bas le n° x, p. 20.

2 Auteur d'un traité intitulé : « Musica disciplina ». Voir A. de la Fage, « Essais de diphthérographie musicale », p. 116.

3 Manuscrit du xv⁵ siècle en notre possession. Voir sa description plus bas sous le n° xxxii, p. 34.

4 Voir plus bas n° xxii, p. 28.

5 Voir ci-dessous n° xvii, p. 26.

Le Musée Britannique [1] possède une copie de ce traité du XVᵉ siècle, à la fin de laquelle on lit : « Qd. Dunstable ».

De ce qui précède, il résulte un fait important, c'est que tous les manuscrits et tous les auteurs sont unanimes, les uns pour attribuer le traité à Jean de Muris, les autres pour lui attribuer la doctrine qui y est professée.

Plusieurs objections graves se présentent néanmoins pour lui contester cette attribution. La première se tire de ce que la doctrine du traité est en opposition avec l'opinion manifestée contre elle par Jean de Muris lui-même dans son *Speculum musicæ* [2].

Pour expliquer cette contradiction, il faut supposer qu'une modification s'est opérée dans son esprit, modification qui a été le résultat des améliorations produites dans la pratique par l'expérience de la doctrine nouvelle.

D'ailleurs, quand on lit bien le septième livre du *Speculum*, il est facile de s'apercevoir que l'auteur y blâme moins le fond de la doctrine nouvelle que la forme. Il ne serait donc pas étonnant que Jean de Muris, esprit logique et éclairé, se fût décidé à formuler, dans un traité court et substantiel, une doctrine dont le progrès évident ne pouvait rester davantage caché à ses yeux clairvoyants. Mais ce n'est là qu'une conjecture.

Une autre objection se tire de ce qu'il est parlé dans le traité de *notes vides*, et que la substitution de notes noires vides aux notes rouges est considérée comme postérieure au temps où vécut Jean de Muris.

Mais si, comme on le pense, on ne possède pas de copie écrite par Jean de Muris lui-même, n'est-il pas possible que la rédaction ait été modifiée, et que les copistes postérieurs aient ajouté à la phrase primitive ainsi conçue : *Per notas rubeas et per notas nigras*, celle-ci : *Per notas rubeas sive vacuas nigras, et per notas nigras ?*

Ce qui semble de plus favorable pour soutenir que le traité est de Jean de Muris, c'est le passage suivant qu'on rencontre dans les manuscrits de Paris, d'Einsideln et de Prague : « Et nota quod quidam cantores, scilicet Guillelmus de « Mascandio et nonnulli alii *imperficiunt* etc. » Ce verbe au présent indicatif semble démontrer

---

[1] Catalogue of the manuscript music in the British Museum, p. 76.

[2] Scriptorum de musica medii ævi, nova series etc., t. i, pag. 393 et seq.

3

que Guillaume de Machault vivait encore au moment où l'auteur écrivait son traité ; or, Guillaume de Machault était contemporain de Jean de Muris.

Mais, nous le répétons, ce ne sont là que des hypothèses, qui laisseront planer le doute jusqu'à la production de documents ou de faits plus précis dans l'un ou l'autre sens.

VIII
L'ART DU CONTREPOINT SELON JEAN DE MURIS.

Ce traité, que nous publions d'après un manuscrit de la bibliothèque Médicéo-Laurentienne de Florence et un autre du couvent de Saint-Paul à Ferrare, contient deux parties : la première allant jusqu'à ces mots : *Cum notum sit omnibus* etc., et la seconde allant depuis ce même alinéa jusqu'à la fin.

D'après un manuscrit de la bibliothèque Ricardiane de Florence et un autre de la bibliothèque Médicéo-Laurentienne, cette seconde partie forme la seconde partie du traité anonyme que nous publions sous le n° XXXII.

Elle se trouve aussi dans un manuscrit de la bibliothèque Vallicellane B. 83, et dans un manuscrit de notre bibliothèque.

D'après son contenu et la forme de sa rédaction, il n'y a pas de doute qu'elle forme un tout avec la première partie de l'anonyme n° XXXII.

Si nous avions été en possession de ce dernier traité, quand nous avons imprimé ce n° VIII, nous n'eussions pas hésité à les réunir en profitant des variantes des manuscrits que nous venons de signaler.

Jean de Muris n'est évidemment l'auteur ni de l'une ni de l'autre de ces deux parties.

IX
L'ART DU DÉCHANT SELON JEAN DE MURIS.

Cet ouvrage, quoique peu méthodique, est d'un grand intérêt pour l'époque à laquelle il se rapporte. Il est extrait du manuscrit 421 de la bibliothèque de l'Université de Gand. L'auteur du catalogue lui donne titre : « Ars discantus et argumenta musicæ Johannis de Muris », comme si Jean de Muris en était l'auteur. Nous ne partageons pas cette opinion. Aussi avons-nous substitué au mot *par* celui de *selon*. Ce qui suit, justifiera, pensons-nous, notre manière de voir.

En examinant ce traité, on reconnaît bientôt qu'il se compose de parties tout-à-fait distinctes dont les unes ne sont que le commentaire ou le développement de la doctrine de Jean de Muris, et dont la dernière appartient à un anonyme dont Jean de Muris a combattu la théorie.

La première partie, c'est-à-dire celle qui embrasse les pages 68 à 95, traite de la mesure et du contrepoint. Ce qui est relatif à la mesure concorde assez bien avec la doctrine de Jean de Muris. Ce qui, au contraire, se rapporte au contrepoint, semble postérieur à ce théoricien. Les exemples y sont remarquables, en ce qu'ils sont écrits sur des portées doubles ou triples qui permettent d'embrasser d'un seul coup d'œil et presque instantanément les intervalles qui s'y trouvent notés.

La seconde partie (pag. 95 à 99) traite des proportions.

La troisième forme une digression sur le plain-chant.

La quatrième, qui est intitulée : *De diffinitionibus accidentium musicæ*, n'est autre que le petit traité publié par Gerbert [1], sous le titre de : *Questiones super partes musicæ*, mais avec quelques variantes.

La cinquième, intitulée : *Sequuntur quædam notabilia et utilia*, donne des notions sur la perfection et l'imperfection des notes. On y invoque l'autorité de Francon, de Philippe de Vitry et d'un maître resté inconnu, appelé *Jean de Belle*.

La sixième comprend les « Conclusions » sur la perfection et l'imperfection des notes, mais avec des variantes et des exemples qui ne se trouvent pas dans l'édition de Gerbert [2]. Gerbert aussi attribue ces Conclusions à Jean de Muris; mais c'est une erreur. Pour s'en convaincre, il suffit de se reporter au livre septième du « Speculum musicæ », chapitres XXXIX à XLII, pour voir que Jean de Muris les critique et les contredit, ce qui prouve clairement qu'il n'en est pas l'auteur [3].

Tout cela démontre en même temps que la doctrine nouvelle n'était pas encore fixée à l'époque où vécut Jean de Muris.

---

[1] Scriptores etc., t. III, p. 301.
[2] Scriptores etc., t. III, p. 296.

[3] Scriptorum etc., t. II, p. 424 et seq.

X

TRAITÉ SUR LE CHANT PARFAIT ET IMPARFAIT PAR HENRI DE ZÉLANDE.

Henri de Zélande, ainsi nommé probablement parce qu'il était originaire de cette province, est un écrivain musical dont l'existence a été révélée pour la première fois par le docteur Ambross dans sa remarquable « Histoire de la musique [1] ». Ce savant auteur a bien voulu nous envoyer une copie de ce traité, faite de sa main, d'après un manuscrit que possède la bibliothèque de l'Université de Prague.

S'il faut s'en rapporter aux premières lignes de l'ouvrage, Henri de Zélande n'en serait pas le rédacteur; la rédaction semblerait appartenir à un de ses élèves.

L'ouvrage se divise en deux parties : la première traite des intervalles et de leur emploi dans le plain-chant. Quant à la seconde, ce n'est autre que le traité *Quilibet* etc., attribué à Jean de Muris, dont nous avons parlé plus haut sous le nº VII. Ce manuscrit nous a fourni quelques utiles variantes. Nous saisissons cette occasion d'offrir nos vifs remercîments à M. le docteur Ambross.

XI

RÈGLES UTILES SUR LE CONTREPOINT PAR PHILIPPE ANDRÉ.

Ce petit traité, qui se résume en un certain nombre d'aphorismes rimés, suivis d'exemples, est donné ici d'après trois manuscrits : un d'Einsideln, un de Vienne et un de Florence.

Dans le manuscrit d'Einsideln dont nous avons parlé plus haut sous le nº II, ces règles de contrepoint sont placées à la suite du traité de Jean de Garlande; elles n'y sont pas accompagnées d'exemples.

Le manuscrit de Vienne, d'où nous avons extrait le traité de Philippe de Vitry placé sous le nº V, contient les mêmes règles, aussi sans exemples, et les attribue à Philippe André. Voici le titre qu'elles y portent : *de contrapuncto Magistri Philippoti Andreæ, artis nove.*

<hr>

[1] Geschichte der Musik, Breslau, 1862-1868.

Quel est ce Philippe André? On trouve bien dans le manuscrit 635 de la Bibliothèque Impériale de Paris et dans le manuscrit Squarcialupi de Florence un Maître *Frère André*, organiste à Florence, comme compositeur. Rien ne répugne à croire que ce soit le même personnage; mais pourtant rien non plus ne vient le démontrer sinon que la similitude du nom *André*.

Dans le manuscrit Médicéo-Laurentien (marqué Plut xxix, c. 48) ces règles sont indiquées ainsi : *Quædam exempla de contrapuncto ac regulæ utiles.*

Adrien de la Fage, qui a examiné attentivement le manuscrit contenant ces règles et ces exemples, pense que ce sont des extraits de divers traités.

Le premier de ces extraits comprend les règles et les exemples que nous publions.

L'autre extrait porte ces mots : « Explicit ars contrapunctus secundum Magistrum « Zachariam ». Un manuscrit de Modène contient quelques compositions de Maître Zacharie. On en trouve d'autres dans le manuscrit Sguarcialupi sous le nom de Zacharie, désigné « Cantor Domini nostri Papæ », et dans le manuscrit de Bologne n° 37.

Quoi qu'il en soit, il importe peu quel est l'auteur de cet extrait; il ne présente d'intéressant que des indications propres à reconnaître les tierces, quintes, sixtes, octaves, dixièmes et douzièmes dans chaque échelle tonale.

De ce qui précède, il semble résulter que les « règles utiles du contrepoint » sont d'un certain André, et que Maître Frère André et Philippe André ne sont qu'une même personne.

XII

TRAITÉ DES DIVERSES FIGURES PAR PHILIPPE DE CASERTE.

Philippe de Caserte a été nommé ainsi sans doute parce qu'il était de Caserte, chef-lieu de la terre de Labour, dans l'ancien royaume de Naples.

Dans un mémoire inséré dans le quatrième volume des « Annali civili del regno delle due Sicilie » (année 1834, p. 88), M. Bernardo Quaranto dit que Philippe vécut à Naples, sous la domination de la maison d'Aragon, c'est-à-dire de 1435 à 1490. D'où l'on a induit que Philippe de Caserte est né au commencement du xve siècle, et que l'époque de son activité musicale fut entre 1441 et 1491. On appuie surtout cette conséquence sur ce que Gafori cite cet artiste dans sa « Practica musica »; et l'on en conclut que Philippe de Caserte serait né au commencement du xve siècle. Si cela était, il faudrait supposer que Philippe de Caserte, dont parle M. Bernardo Quaranto, n'est pas le même que celui dont on trouve des compositions dans le manuscrit de Modène et dans le manuscrit du duc d'Aumale, car ces compositions portent tous les caractères des compositions du xive siècle ; dans ces manuscrits, elles sont écrites en notation rouge et noire. Or, cette notation ne fut guère employée en Italie et en France après 1380. Mais est-on obligé d'avoir recours à semblable supposition ? Nous ne le croyons pas. Nous sommes d'avis que la citation de l'historien napolitain n'est pas inconciliable avec les faits. On peut admettre que Philippe de Caserte a vécu sous Alfonse d'Aragon, c'est-à-dire vers 1435 ; mais il faut admettre aussi en même temps qu'il pouvait être alors très âgé, soixante-dix à quatre-vingts ans par exemple, ce qui permet de ramener l'époque de son activité musicale au dernier tiers du xive siècle, époque à laquelle on écrivait encore, quoique moins habituellement, en notation noire et rouge.

Ce qui semble corroborer cette opinion, c'est que, dans le traité dont il est question ici, l'auteur mentionne les notes *rouges* ou *vides*, comme étant employées ou pouvant être employés indifféremment ; cela concorde bien avec la fin du xive siècle, qui était l'époque de transition entre ces deux notations. Des quatre manuscrits dont nous allons parler, deux sont écrits en notes rouges et deux en notes blanches.

Nous donnons ce traité d'après quatre manuscrits : un de Bologne, un de Vienne, un du Vatican n° 5321 et un de la bibliothèque Palatine n° 1377.

Le manuscrit du Lycée musical de Bologne est une copie, faite en 1753, d'après un manuscrit du xve siècle, appartenant alors au monastère de Saint-Paul, de l'ordre des Carmélites, à Ferrare. Ce précieux manuscrit a disparu avec ce couvent, et l'on ne sait ce qu'il est devenu depuis. A la demande que nous lui avons adressée sur le sort de ce précieux volume, le savant archiviste de Ferrare, M. Citadella, nous a répondu que l'on ignorait complètement où il avait passé.

Dans le manuscrit de Vienne, mentionné plus haut, p. 14, le traité est attribué à Philippe André ; mais c'est une erreur. Le manuscrit du Vatican et celui de la Palatine confondent sous un seul et même traité et sous le titre de : « Tractatus cantus mensurabilis secundum Magistrum Egidium de Murino », le traité de ce maître avec celui de Philippe de Caserte ; mais il est facile d'y distinguer les deux. On verra, sous le numéro suivant, que l'un et l'autre sont différents et distincts.

XIII

TRAITÉ DE CHANT MESURÉ DE MAITRE GILLES DE MURINO.

Murino est probablement le lieu de naissance de cet écrivain, mais on ne sait rien sur les circonstances de sa vie. Est-ce le même que celui qui, dans le manuscrit de Modène, est appelé « Egidius ordinis heremitarum Sancti Augustini », et dans le manuscrit du duc d'Aumale « Magister Egidius Sancti Augustini? » Il serait difficile de le décider d'une manière formelle, mais cela est fort probable.

Egidius de Murino est cité parmi les musiciens célèbres dont les noms figurent dans une pièce du manuscrit de Dom Grenier et dans une autre du manuscrit de Strasbourg [1].

De tous les écrivains sur la musique, Spattaro paraît être le seul qui ait parlé d'Egidius de Murino ; il l'appelle « Claro musico ».

Le traité d'Egidius de Murino se trouve dans le manuscrit du Vatican n° 5321, et dans celui de la Palatine n° 1377 dont il vient d'être parlé. Il y est associé, ainsi que nous l'avons dit, au traité de Philippe de Caserte avec lequel il n'y fait qu'un seul ouvrage ; mais cela est évidemment l'œuvre d'un copiste mal renseigné.

Le traité d'Egidius de Murino est un des plus importants de l'époque, pour cette renseignements qu'il donne sur les procédés de composition du contrepoint, et sur les « diminutions » employées par les artistes de cette époque.

XIV

LIVRE SUR LA MUSIQUE PAR JEAN VERULUS DE ANAGNIA.

Anagnia était sans doute la patrie de Jean Verulus. On ne connaît rien ni sur l'époque de sa naissance ni sur les circonstances de sa vie. D'après son traité, il est facile de

1 Voir « les Harmonistes du xive siècle », p. 14 et 15.

juger pourtant qu'il appartenait à un ordre religieux. On ne trouve son nom cité par aucun écrivain musical. Un seul manuscrit du temps contient son traité ; il repose dans la bibliothèque Barberine à Rome. Il en a été fait, pour le Père Martini, une copie qui, avec les autres livres de sa bibliothèque, est passée dans celle du Lycée musical de Bologne. Cet ouvrage, bien que prolixe en maints endroits, est néanmoins fort intéressant.

Jean Verulus a dû vivre dans la première moitié du xive siècle. Il ne cite que Francon ; mais les divisions temporaires qu'il classe en divisions duodénaires, octonaires, sénaires, etc., témoignent qu'il n'ignorait pas les écrits de Marchetto de Padoue. La partie la plus importante de son ouvrage est celle qui traite des brèves et des minimes.

XV

LA MUSIQUE MESURÉE PAR THÉODORE DE CAMP.

Le nom de cet écrivain est encore un de ceux qui se révèlent ici pour la première fois. Malheureusement, nous n'avons pu rien découvrir sur sa personne. Sa patrie, l'époque de sa naissance, les circonstances de sa vie nous sont totalement inconnues. Quant à l'époque où il vécut, on peut, d'après le contenu de son traité et d'après les auteurs qu'il y cite, présumer avec raison qu'il florissait dans la première moitié du xive siècle.

Les maîtres qu'il prend pour guides sont : Francon, Pierre De Croix, Jean d'Ypres. D'après Théodore De Camp, Jean d'Ypres était auteur d'un traité qui paraît perdu.

C'est dans l'ouvrage de Théodore De Camp qu'on lit ce passage : « Magister vero « Philippus flos et gemma cantorum », cité par Morley et Hawkins.

La partie où il parle de la division du temps qui était en usage chez les Italiens à l'époque de Marcheto, semble indiquer qu'il avait la France pour patrie.

Le traité de Théodore de Camp existe au Lycée de Bologne en copie, d'après le manuscrit de la bibliothèque Barberine, le même qui contient le traité de Jean Verulus.

XVI

TRAITÉ DE CONTREPOINT PAR PROSDOCIME DE BELDEMANDIS

Prosdocime de Beldemandis est né à Padoue d'une famille patricienne, mais on ne connaît ni la date de sa naissance ni celle de sa mort. On sait seulement qu'il vivait encore en 1422. L'époque de son activité musicale peut être placée entre 1404 et 1413; c'est pendant cette période qu'il a écrit les huit ouvrages dont nous allons parler, et dont quelques-uns sont du plus haut intérêt à cause de la doctrine qui s'y trouve expliquée. Hâtons-nous de dire que cette doctrine n'est pas celle du xve siècle, ainsi que pourraient le faire croire les dates citées plus haut, mais bien celle de la seconde moitié du xive siècle, telle qu'on la voit pratiquée par les compositeurs de ce temps.

On paraît n'avoir connu jusqu'ici que deux manuscrits contenant les œuvres de Prosdocime de Beldemandis ; un à Padoue renfermant cinq traités, et un au Vatican en contenant deux. A ces deux manuscrits il faut en ajouter deux autres : un à Einsideln et un au Lycée musical de Bologne, qui n'est pas la copie de celui de Padoue faite pour le Père Martini.

Le manuscrit de Bologne est du xve siècle. C'est un in-folio sur vélin à deux colonnes, de deux cent soixante-quatre pages. Il contient les huit traités suivants :

« 1° Expositiones tractatus practice cantus mensurabilis Magistri Johannis de Muris a Magistro Prosdocimo de Beldemandis de Padua compilate anno Domini 1404 (p. 1-72). »

« 2° Tractatus practice cantus mensurabilis, Padue compilatus, anno Domini 1408 (p. 74-91). »

« 3° Brevis summula proportionum musice applicabilium ex dictis antiquorum doctorum extensa (p. 93-95). »

« 4° Contrapunctus Magistri Prosdocimi de Beldemandis Paduani in castro Montagnane Paduani districti, anno Domini 1412 compilatus (p. 97-1000). »

« 5° Tractatus practice cantus mensurabilis ad modum Ytalicorum, in castro Montagnane Paduani districti compilatus, anno Domini 1412 (p. 101-113). »

« 6° Tractatus planæ musicæ in castro Montagnane Paduani districti anno Domini 1412 (p. 115-133). »

« 7° Parvus tractaculus de modo monocordum dividendi, Paduæ anno Domini 1413 compilatus (p. 139-145). »

« 8° Opusculum contra theoricam partem sive speculativam Lucidarii Marchetti Patavini (p. 248-264). » — Dans le prologue, Prosdocime de Beldemandis dit avoir composé cet ouvrage à la demande de Luca del Castello de Lendenare, ecclésiastique, son ami, parce qu'ils avaient remarqué ensemble plusieurs erreurs dans le Lucidarium de Marchetto de Padoue. « Fuit enim, dit-il, vir iste in scientia musices simplex prac- « ticus, sed a theorica sive speculativa omnino vacuus, quam tamen perfectissime « intelligere deceptus se putavit, et ideo aggredi presumpsit quod totaliter ignoravit ».

Le manuscrit d'Einsideln contient les n⁰ˢ 4 et 7.

Le manuscrit de Padoue possède les n⁰ˢ 1, 2, 4, 5, 6 et 8.

Dans le manuscrit du Vatican, on trouve les n⁰ˢ 4 et 8.

Tous ces ouvrages ont leur degré d'importance, mais ceux qui l'emportent sont les n⁰ˢ 2, 3, 4, 5 et 7. Ce sont ceux-là que nous publions dans notre volume.

Nous donnons le traité de contrepoint d'après le manuscrit d'Einsideln et celui de Bologne.

Le traité sur le plain-chant (n° 6) a été publié, paraît-il, par les soins de Maître Antoine de Pontevico [1].

Quant au n° 1, c'est, d'après Prosdocime lui-même, un commentaire du traité de Jean de Muris plus développé que le n° 5, qui en est en quelque sorte le résumé et un abrégé.

XVII
TRAITÉ PRATIQUE DU CHANT MESURÉ PAR PROSDOCIME DE BELDEMANDIS.

Prosdocime de Beldemandis suit l'opinion générale qui attribue à Jean de Muris le traité : *Quilibet* etc [2]. Après en avoir fait, ainsi que nous venons de le dire, un commentaire développé dans son traité : *Expositiones* etc., il déclare que celui-ci en est un abrégé pour ceux qui désirent un enseignement plus court et plus sommaire. On y trouve des explications claires et faciles sur les points qui pourraient être considérés comme peu lucides dans le traité original. Notre édition est donnée d'après le manuscrit de Bologne.

XVIII
TRAITÉ DE LA PRATIQUE DU CHANT MESURÉ SELON LES ITALIENS PAR PROSDOCIME DE BELDEMANDIS.

Cet ouvrage est un des plus curieux et des plus importants que l'on connaisse pour

1 Schilling, Universal Lexicon, au mot Beldemandis.　　2 Voir plus haut n° vii.

l'histoire de l'art à cette époque. Marchetto de Padoue donne bien quelques indications sur la différence qui existait entre l'art italien et l'art français, mais il ne définit pas clairement cette différence, et ses explications ne sont pas bien catégoriques; Prosdocime de Beldemandis nous donne satisfaction à cet égard. Après avoir lu son traité, on se rend facilement compte de ce qui distinguait les deux méthodes, et on est convaincu de la supériorité de la méthode italienne, qui pourtant n'a pas prévalu, ce qui est d'autant plus regrettable que son adoption eût affranchi l'art des inextricables difficultés dont les artistes se sont plu en quelque sorte à le hérisser.

Notre édition a pour base le texte du manuscrit de Bologne.

XIX

SUR LE MONOCORDE PAR PROSDOCIME DE BELDEMANDIS.

Ce traité a surtout pour objet la division du monocorde par demi-tons. L'auteur y examine deux modes proposés; il en critique les défauts et donne son attention à un troisième qui procède des deux premiers.

Nous le publions d'après le manuscrit d'Einsideln et celui de Bologne.

XX

ABRÉGÉ SOMMAIRE DES PROPORTIONS PAR PROSDOCIME DE BELDEMANDIS.

A partir du commencement du XIVe siècle et sur l'initiative de Philippe de Vitry, les modes Franconiens furent abandonnés pour faire place aux mesures ayant pour base les proportions. Prosdocime de Beldemandis en explique la théorie dans le traité dont il est question ici, et que nous publions d'après le manuscrit de Bologne.

XXI

RÈGLES SUR LA MUSIQUE PAR NICAISE WEYTS.

Le nom de cet auteur indique une origine flamande. Il apparaît ici pour la première fois: on ne sait rien sur l'époque précise où il vécut, ni sur les circonstances de sa vie. Ce traité ne semble pas complet. Ce que nous en donnons, d'après une copie du manuscrit de Ferrare qui existe au Lycée musical de Bologne, servira peut-être à retrouver la partie qui manque.

XXII

TRAITÉ DU MODE, DU TEMPS ET DE LA PROLATION, PAR CHRÉTIEN SADZE DE FLANDRE.

Chrétien Sadze est encore un écrivain dont le nom apparaît ici pour la première fois. Comme plusieurs maîtres de la même époque, Chrétien Sadze se contente de commenter et de s'approprier le traité *Quilibet* etc. de Jean de Muris [1]. Le tableau des modes, des temps et des prolations avec leurs diversités, selon leurs perfections et imperfections réciproques, est ce qu'il renferme de plus utile. Ce traité est tiré du manuscrit de la bibliothèque de Bologne.

XXIII

ABRÉGÉ DES PRÉCEPTES DE L'ART MUSICAL PAR GUILLAUME MOINE.

Encore un écrivain dont le nom est prononcé ici pour la première fois et sur lequel on ne possède d'autres renseignements que ceux fournis par son traité; il semble d'origine italienne et avoir vécu à la fin du XIVe siècle et au commencement du XVe. La transformation de la notation noire en notation blanche était déjà opérée.

Cet ouvrage est sans contredit l'un des plus importants de notre recueil, non-seulement en ce que l'auteur y donne des explications précises et détaillées avec de longs exemples sur les proportions alors en usage, mais surtout parce qu'il nous fait connaître les modes de compositions particulièrement usités par les musiciens anglais, et les règles de contrepoint admis par les Français et les Anglais.

Il n'existe de ce traité qu'un seul manuscrit qui est conservé à la bibliothèque de Saint-Marc à Venise. La copie qui a servi à notre édition a été faite sous la direction du savant bibliothécaire, M. Valentinelli, qui a bien voulu la collationner sur l'original. Nous lui en adressons ici nos vifs remercîments.

XXIV

RÈGLES DE CONTREPOINT PAR ANTOINE DE LENO.

A la suite du traité précédent est écrit celui-ci. Le nom de l'auteur n'est pas placé

---

[1] Voir plus haut n° VII.

à la suite du titre, mais on le trouve à plusieurs reprises dans le cours de l'ouvrage.

Son nom n'a apparu jusqu'ici sous la plume d'aucun historien de la musique. On est aussi sans renseignements sur sa personne. Il est à croire qu'il est Italien de nation, puisque son traité est écrit en cette langue.

La notation noire et l'emploi de notes à doubles queues semblent indiquer que le traité d'Antoine de Leno est antérieur à celui de Guillaume Moine. Les règles et surtout les exemples de contrepoint à deux et à trois notes pour une sont très intéressants.

XXV

RÈGLES SUR LES PROPORTIONS PAR JEAN HOTHBI.

Presque tous ceux qui ont parlé de cet écrivain ont cru qu'il avait vécu au xive siècle. C'est sous l'influence de cette opinion que nous avons admis dans notre recueil les trois petits traités dont il sera question sous les nos xxv, xxvi et xxvii. Mais cette opinion doit se modifier en présence de faits que nous allons rappeler, et d'où il résulte que Jean Hothbi a vécu au xve siècle.

Ce qui ne saurait laisser le moindre doute à cet égard, c'est un dialogue dont il est l'auteur et où il cite un certain nombre de musiciens du xve siècle qui vivaient de son temps. Ce dialogue, qui se trouve dans un manuscrit de la bibliothèque Magliabechiana (xix, D. 36), est intitulé : « Dialogus Johannis Ottobi Anglici in arte musica ». Les musiciens qu'il y cite sont : « Dunstable, Du Fay, Iconal, Plumer ou Plumet, Frier, Busnoys, « Morton, Ochinghem, Pelagulfus, Baduin, Nicoletti, Forest, Stane, Fich, Caron ». L'orthographe des noms est conservée ici telle qu'elle est dans le manuscrit[1].

D'après une mention écrite à la fin d'un traité de Jean de Muris dans le manuscrit latin de la Bibliothèque Impériale de Paris nº 7369, il semblerait que Jean Hothbi vivait encore en 1471. La voici : « Explicit musica speculativa Magistri Johannis de Muris « scripta per me Fratrem Matheum Fracisci (sic) de Testadraconibus de Florentia, Ordinis « Servorum Sancte Marie, cum impenderem operam musice sub egregio musicorumque « doctorum primo Magistro Johanni Hothbi, Anglico, nec non theologie lectori meri- « tissimo, 1471, die 5 martii et orarum vesperarum; nec eram multum letus. »

---

1 A. de la Fage, *Essais de diphtérographie*, partie inédite en notre possession.

Jean Hothbi, appelé Ottobi par les écrivains italiens, était Anglais. Il fut Carme à Ferrare et passa la plus grande partie de sa vie en Italie. Après avoir visité l'Espagne, la France, l'Allemagne, il s'établit à Florence vers 1440. Son savoir et ses connaissances étendues excitèrent l'admiration de ses contemporains. On vient de voir l'éloge qu'en fait Mathieu Testadraconi; voici trois distiques qui ne sont pas moins élogieux:

> Musica si quis adest dederit cui nomen, et ipse
> Ex apii meruit fronde operire comas,
> Ottobi, cedat tibi. Si lustraveris orbem
> A Gange ad Gades par tibi nullus erat;
> Nam rerum natura parens effudit in uno
> Quidquid erat forme, quidquid honoris erat.

Ces vers, qui sont écrits au verso du second feuillet du manuscrit 7369, sont signés: « Ferrabos poeta in laude clarissimi musici Jo. Ottobi carmina composuit ».

Hothbi a laissé plusieurs ouvrages:

1° Un traité sur les proportions dans le manuscrit 7369 de la Bibliothèque Impériale, où (f° 26 r°) il commence ainsi: « Preambule in proportionibus necessarie secundum « venerabilem lectorem Fratrem Johannem Anglicum, artis musicæ doctorem insignem ». On lit au verso du même feuillet: « Incipiunt proportiones ejusdem Hothbi Anglici ».

2° Un traité en trente-deux chapitres, intitulé: Ars musica Johannis Octobi, dans le manuscrit XIX, D. 36 de la bibliothèque Magliabecchiana.

3° Le dialogue dont il a été parlé plus haut.

4° Une lettre en réponse à des attaques d'un critique nommé OSMENSE, maître espagnol alors en honneur. Elle se trouve aussi dans le même manuscrit.

5° Le traité que nous avons publié en 1852, dans notre « Histoire de l'harmonie au moyen-âge », sous le titre de « Caleopea leghale », d'après le même manuscrit et d'après un autre de Venise (classe VIII, n° LXXXII).

Ces deux derniers ouvrages sont écrits en italien.

6° Les trois petits traités publiés dans notre tome III, sous les n°s XXV, XXVI et XXVII, d'après un manuscrit du Lycée musical de Bologne, qui est une copie du manuscrit de Ferrare, aujourd'hui perdu.

XXVI

SUR LE CHANT FIGURÉ PAR JEAN HOTHBI.

Dans ce traité, Jean Hothbi emploie la notation blanche. Il y admet, en outre, deux notes non en usage jusqu'alors. Il les appelle *crome* et *semicrome*. Ce traité fait suite au précédent dans le même manuscrit.

XXVII

RÈGLES SUR LE CONTREPOINT PAR JEAN HOTHBI.

L'auteur divise ses règles en règles essentielles, en règles accidentelles et en règles tolérées. On y voit que les compositeurs anglais usaient d'un mode de déchant appelé *visibilis*. Ce petit traité est aussi dans le même manuscrit.

XXVII

ANONYME I. — DE LA MUSIQUE ANCIENNE ET NOUVELLE.

Le traité que nous publions sous ce titre, est tiré d'un manuscrit du British Museum qui contient l'ouvrage de Robert Handlo inséré dans le tome I de notre recueil. Ce manuscrit porte le n° 141 dans le catalogue spécial des ouvrages sur la musique; le catalogue général l'indique ainsi : « Add. Mss. 4909 ».

Ce traité se divise en deux parties : la première est presque exclusivement consacrée à la théorie de Boëce, avec des citations de Guido; nous avons laissé cette partie, pour nous en tenir à la seconde qui traite de la musique mesurée.

XXIX

ANONYME II. — DE LA MUSIQUE ANCIENNE ET MODERNE.

Ce traité est de la fin du XIII° siècle, ou au plus tard du commencement du XIV° siècle; car, bien qu'il n'y soit question que de la musique mesurée, l'auteur n'y parle pas des notes rouges dont l'invention est attribuée à Philippe de Vitry.

La mesure binaire était alors fortement en usage, puisque l'auteur indique à quels signes on reconnaissait qu'une pièce était en mesure à trois ou à deux temps.

Nous avons extrait ce traité du manuscrit de la Bibliothèque Impériale fonds Saint-Victor, n° 15128, autrefois n° 659.

XXX
ANONYME III. — ABRÉGÉ DE L'ART ANCIEN ET DE L'ART NOUVEAU.

Ce traité, que nous avons tiré du même manuscrit que le précédent, est aussi du même temps. Pour la doctrine ancienne, l'auteur suit Francon ; pour la nouvelle, il prend pour guide Philippe de Vitry « qui, dit-il, vient de l'inventer ». Il contient sur les minimes, les semiminimes et les notes appelées *dragme* et *fuscée*, sur les signes des temps parfaits et imparfaits, des renseignements fort utiles pour ceux qui voudront élucider les ambiguités de cette notation.

XXXI
ANONYME IV. — ABRÉGÉ DE L'ART ANCIEN ET L'ART NOUVEAU.

Cet ouvrage, qui appartient au même temps et qui est tiré du même manuscrit que le précédent, contient aussi les mêmes principes. Malgré l'uniformité de doctrine qui règne dans ces trois traités, on trouve dans leur rédaction des nuances et une variété d'expressions qui ne sont pas inutiles pour l'intelligence de la matière.

XXXII
ANONYME V. — L'ART DU CHANT MESURÉ.

Ce traité doit aussi être rangé parmi les plus importants de notre volume. C'est un ouvrage développé et complet, tant sur la musique mesurée que sur le contrepoint. La doctrine qui y est professée, appartient à la dernière moitié du XIVe siècle. D'après quelques passages, on peut induire que l'auteur était français.

Il divise son ouvrage en deux parties : dans la première, il traite du chant mesuré ; dans la seconde, du contrepoint.

La doctrine qu'il prend pour guide est celle de Jean de Muris. Il l'invoque sans cesse contre ceux qui veulent contrevenir aux principes soutenus par lui. C'est ce qu'il fait notamment à l'égard d'un auteur nommé *Nicolas d'Aversa*, de l'ordre des Célestins. Il le blâme de ne pas pratiquer dans ses compositions les principes qu'il professe dans son traité. Il cite en même temps quelques autres compositeurs et quelques compositions qui sont autant d'indications utiles pour l'histoire de l'art.

Un mot maintenant sur les manuscrits qui contiennent ce traité. Par une de ces singularités qui s'expliquent difficilement, les deux parties ne se trouvent réunies dans aucun manuscrit.

La première est contenue dans cinq manuscrits appartenant à la Bibliothèque de Paris, à la Ricardiane, à la Vallicellane, à la Médicéo-Laurentienne et à celle du Lycée musical de Bologne.

Le manuscrit de la Bibliothèque Impériale de Paris, n° 7369 du fonds latin, est d'origine italienne. Cela résulte d'abord d'une recette médicinale écrite en cette langue sur la garde antérieure du volume ; puis de deux mentions du copiste. La première est placée à la fin du traité dont il s'agit ici ; on lit : « Hoc opus scripsit Frater Matheus « Testadraconis in Florentia, ordinis Servorum, dum operam daret arti musice, Luce ».

La seconde est écrite à la fin du traité de Jean de Muris, *Musica speculativa;* nous l'avons rapportée plus haut, p. 29.

Les manuscrits de la Ricardiane et de la Vallicellane ont été soigneusement décrits par A. de la Fage [1]; nous y renvoyons. Cet écrivain a fait une copie du traité d'après le manuscrit de la bibliothèque Médicéo-Laurentienne (Plut. XXIX, c. 48). Elle est en nos mains. Le manuscrit de Bologne est également une copie du même manuscrit, faite en 1760, pour le P. Martini.

Dans le manuscrit Médicéo-Laurentien et dans celui de Ferrare, dont il existe aussi une copie au Lycée musical de Bologne, les exemples sont généralement exacts.

La place de la seconde partie était naturellement ici, à la suite de la première. Si nous ne l'y avons pas mise, c'est que déjà elle était éditée sous le n° VIII, et qu'elle était déjà

---

[1] Essais de diphthérographie musicale.

imprimée, lorsque nous avons été à même de reconnaître qu'elle formait le complément du présent traité.

Depuis l'impression des n°⁵ VIII et XXXII, nous avons découvert une leçon meilleure encore dans un manuscrit dont nous sommes devenu possesseur. C'est un volume de format petit in-4°; il se compose de quatre-vingt-neuf feuillets chiffrés, moins le premier qui manque, et six feuillets non chiffrés. L'écriture est du XVᵉ siècle. Il contient :

1° Le traité intitulé : « Libellus etc. », qui est attribué à Jean de Muris et que nous avons publié sous le n° VII. Il y est précédé d'une sorte d'introduction où l'auteur traite de la musique instrumentale, de la musique mesurée, et de la musique non mesurée. Il divise la musique en musique plane, en musique pratique ou mesurée, en contrepoint, et en musique spéculative.

Dans le préambule du traité attribué à Jean de Muris se trouvent cités deux musiciens inconnus. Le voici : « Quilibet in arte practice mensurabilis cantus erudiri mediocriter « affectans ea scribat diligenter que secuntur, summarie compilata secundum Magistrum « Johannem de Muris, quam mihi Fratri Antonio de Luca, ordinis Servorum decla- « ravit, legit perfecteque aperuit Magister meus Laurentius de Urbi veteri, ac etiam « in omnibus aliis et per maxime cantus cujuscunque conditionis, et canonicus ecclesie « Sancte Marie Majoris diligenter attendens, cui Dominus benedicat in secula secu- « lorum, amen. »

Après le traité de Jean de Muris, Antoine de Lucque ajoute des notions sur le mode, le temps et la prolation; sur l'altération; sur les points; sur les proportions avec des tableaux synoptiques.

XXXIII

ANONYME VI. — DE LA MUSIQUE MESURÉE.

Ce traité est tiré du manuscrit de Vienne dont il a été parlé plus haut sous le n° v. Il n'est pas complet; le commencement manque. Ce qui en reste nous a paru néanmoins assez intéressant pour avoir ici une place. On y trouve des renseignements curieux sur certaines doctrines qui s'étaient produites au moment de la transformation musicale du xive siècle. A la fin se trouvent, mais d'une manière très incomplète, les « Conclusions » dont il a été parlé plus haut sous le nº ix.

Une annotation placée à la fin indique qu'il a été écrit en 1391 par un moine anglais dont on ne donne que l'initiale du nom.

XXXIV

ANONYME VII. — DES DIVERS MODES DANS LA MUSIQUE MESURÉE.

Si incomplet qu'il soit, ce petit traité offre de l'intérêt en ce qu'il aide à nous initier aux premières transformations de la musique mesurée. On y parle d'un maître Philippe de Paris; ce nom se rencontre ici pour la première fois.

Cet ouvrage est extrait du manuscrit de Saint-Dié auquel nous avons déjà fait plus d'un emprunt [1].

XXXV

ANONYME VIII. — RÈGLES DU CONTREPOINT.

Ce petit ouvrage est tiré du manuscrit de la bibliothèque Médicéo-Laurentienne (Plut. xxix, nº 48), du xve siècle. On y trouve un bon résumé des règles de contrepoint alors en usage.

XXXVI

ANONYME IX. — DE LA MUSIQUE MESURÉE.

Cet opuscule offre un véritable intérêt historique à cause de sa rédaction en langue allemande. Son contenu indique en outre qu'il a été composé au xiiie siècle, ce qui prouve d'une manière incontestable que le déchant était alors cultivé en Allemagne aussi bien que dans les autres parties de l'Europe. Ce document se trouve dans le précieux manuscrit de Strasbourg dont nous avons parlé plus haut sous le nº vi.

XXXVII

ANONYME X. — DES NOTES DE MINIME VALEUR.

Ce fragment, tiré du même manuscrit que le précédent traité, contient quelques

[1] Voir t. i, pp. 303 et 319, et ii, p. 117.

notions utiles sur les notes à double queue, dont l'usage paraît avoir été répandu partout pendant un certain temps. On y trouve aussi quelques renseignements sur l'emploi des notes rouges. L'auteur cite comme exemples à cet égard des compositions de *Zeltenferd*, qui sont dans le même manuscrit, et que nous donnerons dans notre livre en préparation : *l'Art harmonique au* xiv° *siècle.*

XXXVIII

ANONYME XI. — TRAITÉ DE PLAIN-CHANT ET DE MUSIQUE MESURÉE.

Nous sommes redevable de ce traité au R. P. Schubiger, qui, nous en adressant une copie faite de sa propre main, l'a accompagnée de la note dont voici la traduction :

« Le manuscrit qui contient ce traité appartient à la bibliothèque municipale de « Trèves depuis une soixantaine d'années. On croit qu'il provient de l'ancien monastère « de Saint-Maximin, de l'ordre des Bénédictins, établi à Trèves. Ce volume dont « l'écriture est du xv° siècle, nous a été communiqué par le docteur Oberhoffer, célèbre « professeur à Luxembourg, avec autorisation de la part des propriétaires de le publier.

« L'auteur anonyme paraît avoir été Français; cela résulte et du texte latin où se « trouvent entremêlées des expressions qui dénotent une origine française, et de la présence « à la fin du volume de trois pièces à trois parties avec paroles françaises. Le traité semble « appartenir à la fin du xiv° ou au commencement du xv°; la doctrine de musique « mesurée est celle de cette époque; quant à la doctrine du plain-chant, elle paraît plus « ancienne. Bien que le texte manque souvent de clarté, ce qu'il faut attribuer soit au « style de l'auteur, soit à la négligence du copiste, il contient néanmoins tant de choses « propres à jeter du jour sur l'état de la musique à cette époque que nous l'avons cru « digne d'être publié.

« Le manuscrit peut se diviser en deux parties : la première traite du plain-chant; la « seconde, de la musique figurée.

« La première partie comprend, mais sans indication de subdivisions, les matières « suivantes :

« Introductio et definitio. De modis. De naturis conjunctarum. De denominatione « *Neumarum.* De tonis. De principiis *Euoauen.* Prothus autentus. Protus plagalis. De

« tono tertio. De quarto. De quinto. De sexto. De septimo. De octavo. Fabulosa narratio
« de tono peregrino. Benedicamus Domino.

« La seconde :

« De arte componendi cantum. De contrapuncto. De arte cujuslibet discantus. Ars
« contratenoris. De consonantiis, et alia adjuncta. De modis. Declaratio proportionum
« musicalium. De signis.

« Le manuscrit finit par deux autres traités, savoir :

« 1° Un traité en quinze chapitres, intitulés : 1, introductio et definitio musicæ; 2,
« de speciebus notarum; 3, de modo; 4, de tempore; 5, de prolatione; 6, de pausis ;
« 7, de imperfectione; 8, de punctis; 9, de perfectione; 10, de signis; 11, de syncopa-
« tione; 12, de alteratione; 13, de duplicatione; 14, de ligaturis; 15, de proportionibus.

« 2° Un traité plus court sur le chant mesuré : De discantu. De modo. De tempore.
« De prolatione. De signis prolationum. De contrapuncto. De pausis. De perfectione.
« De punctu. De imperfectione. De alteratione. Plus, quatre compositions à trois voix,
« commençant par ces mots : 1, « E veul prendre »; 2, « Sans amer »; 3, « Quant
« vous »; 4, « Bonum vinum ».

XXXIX

ANONYME XII. — TRAITÉS SUR LA MUSIQUE. — ABRÉGÉ DE CHANT FIGURÉ.

Nous donnons sous ce titre les deux petits traités qui se trouvent à la suite du précédent dans le manuscrit de Saint-Maximin. Ils sont évidemment distincts du premier.

XL

ANONYME XIII. — TRAITÉ DE LA MUSIQUE MESURÉE ET DE DÉCHANT.

La langue vulgaire a été de bonne heure employée en France pour l'enseignement de
la musique. Nous avons publié ailleurs un traité de la fin du XIIe siècle d'après un
manuscrit de la Bibliothèque Impériale de Paris, autrefois à l'abbaye de Saint-Victor [1].

1 Histoire de l'harmonie au moyen-âge, p. 245.

Celui-ci est de la même provenance. Il est aujourd'hui classé parmi les manuscrits latins, sous le n° 14741; autrefois il avait le n° 665 dans le fonds de Saint-Victor. Il appartient à la fin du XIVᵉ siècle, et peut-être même au commencement du XVᵉ. On y trouve des renseignements intéressants sur le contrepoint.

Le même manuscrit contient un autre traité dont une partie a été publiée par l'abbé Gerbert [1] et le tout par Jumilhac [2].

En terminant, c'est pour nous non-seulement un besoin, mais pour notre cœur une douce satisfaction d'exprimer notre reconnaissance envers les personnes qui nous ont aidé de leur concours dans l'accomplissement de cette œuvre laborieuse; concours sans lequel il nous eût été impossible de l'entreprendre.

Gratitude et reconnaissance donc :

A M. Auguste Lippmann de Strasbourg, compositeur distingué, pour ses obligeantes communications concernant le manuscrit musical que possède la bibliothèque de cette ville;

A M. le docteur Ambross, procureur impérial à Prague, qui a bien voulu nous gratifier de la copie faite de sa propre main du traité de Henri de Zélande;

A notre excellent ami, W. Chappell, pour les soins donnés par lui pour nous procurer la copie de l'important anonyme I, placé sous le n° XXVIII;

Au Révérend Père Schubiger, Bénédictin d'Einsidlen, qui a pris à cœur d'enrichir notre recueil des traités de Jean de Garlande, de Philippe de Vitry, de Prosdocime de Belde-mandis, de Jean de Muris et de l'anonyme de Trèves, imprimés sous les nᵒˢ II, IV, VII, XVI, XIX, XXXVIII et XXXIX;

A notre cher et docte ami, M. G. Gaspari, bibliothécaire du Lycée musical de Bologne, correspondant de l'Institut de France, qui ne s'est pas borné à nous ouvrir

---

1 Scriptores etc., t. III, p. 301.   2 LA SCIENCE ET LA PRATIQUE DU PLAIN-CHANT; nouv. édit., p. 147.

largement les trésors du riche dépôt confié à sa garde, mais qui, avec un dévouement dont nous ne saurions donner qu'une idée fort insuffisante et incomplète, nous a procuré des copies d'un grand nombre de traités dont quelques-uns ne se trouvent plus que dans ce dépôt. Il a poussé le dévouement jusqu'à en transcrire plusieurs de sa propre main, avec un soin dont les érudits seuls savent apprécier le mérite d'une consciencieuse et scrupuleuse exactitude. Citer les ouvrages de Philippe de Vitry, de Jean de Muris, de Philippe de Caserte, de Verulus d'Anagnia, de Théodore de Campo, de Prosdocime de Beldemandis, de Nicolas Weyts, de Chrétien Sadze, de Jean Hothbi, et d'autres placés sous les nos III, IV, XII, XIV, XV, XVI, XVII, XVIII, XIX, XX, XXI, XXII, XXV, XXVI, XXVII, XXXII et XXXV, c'est montrer combien sont importantes les œuvres qui émanent de cette précieuse source, combien nous devons de remerciements au savant qui nous les a si généreusement procurées.

Lille. — Imprimerie de Lefebvre-Ducrocq, rue Esquermoise, 57.

PRÉFACE [1]

En publiant, en 1864, le premier volume de notre collection, nous avions alors en vue seulement d'éditer un certain nombre d'écrivains des XIIe et XIIIe siècles, et de combler ainsi une lacune de l'abbé Gerbert, dont le *Scriptores de musica,* en 3 vol. in-4º, avait d'ailleurs rendu tant de services aux érudits, en leur mettant sous les yeux quarante ouvrages du IIIe siècle au XVe.

Notre volume, n'étant en quelque sorte qu'un complément de l'œuvre du savant Bénédictin, notre pensée a été de le placer sous ses auspices.

Mais bientôt les instances encourageantes dont nous avons été honoré, nous ont amené à publier les principaux ouvrages inédits depuis le XIVe siècle jusqu'au XVe, en y ajoutant des traités attribués à Hucbald, à Reginon de Prum, à Guido d'Arezzo, à Odon de Cluny, etc. De telle sorte que notre collection forme aujourd'hui un ensemble de plus de quatre-vingts traités.

Le XIIe siècle et les trois suivants y sont représentés par les ouvrages les plus importants et les plus renommés que renferment les riches bibliothèques de France, d'Italie, d'Angleterre, de Suisse, de Belgique, d'Allemagne, etc.

On peut donc dire que, ce qui n'était d'abord qu'un supplément à Gerbert, est devenu un ouvrage spécial plus considérable que celui du savant abbé.

1 Les lignes qu'on va lire sont extraites de la préface latine placée en tête du t. IV du *Scriptores de Musica medii œvi.*

Cette transformation a évidemment imprimé à notre collection un caractère d'individualité et d'indépendance que ne possédait pas le premier volume isolé. Nous avons donc cru devoir lui attribuer un titre mieux approprié à son état actuel; nous lui avons donné le titre de : Scriptores de musica medii ævi.

Comme pour les volumes précédents, nous allons donner ici une notice biographique et bibliographique sur les traités et leurs auteurs.

I

ŒUVRES THÉORIQUES DE JEAN TINCTORIS.

(Page 1.)

Les œuvres théoriques de Jean Tinctoris, après être restées à peu près inconnues, ont acquis depuis un demi-siècle une grande célébrité qu'elles doivent à leur mérite, tardivement, mais justement apprécié. Elles se composent d'un ensemble de onze traités spéciaux sur toutes les parties de la musique.

Ces traités n'ont pas été publiés jusqu'à ce jour. On n'en connaît que trois manuscrits, tous trois incomplets; heureusement, à l'aide de deux d'entre eux, on a l'ouvrage entier.

Un des manuscrits est aujourd'hui à la Bibliothèque royale de Bruxelles; il provient de la collection de Fétis, qui l'avait acquis avec la bibliothèque de Perne. Ce précieux volume, d'une fort belle écriture du xve siècle, avait été apporté d'Italie en France par Selvaggi [1]. Après être devenu la propriété de Fayolle, il passa dans la bibliothèque de Perne.

Il contient tous les traités de Tinctoris, sauf le dernier, celui des *Effets de la musique,* dont il ne renferme que les neuf premiers chapitres. Les textes et les exemples de ce manuscrit sont généralement purs et exacts; ils sont meilleurs que dans les copies dont nous allons parler.

---

1 Fétis, « Biographie universelle des musiciens », 2e édit.,   t. viii, p.12.

Le second manuscrit est dans la bibliothèque du Lycée musical de Bologne. Il y est entré avec les livres du Père Martini, qui l'avait transcrit de sa propre main, d'après un ancien manuscrit de la bibliothèque Laurentienne de Florence, et d'après un autre ancien manuscrit dont Martini ne donne pas la source. La copie de Bologne n'a ni le *Diffinitorium*, ni le traité des *Effets de la musique*. Dans les autres traités, il offre quelques variantes dont nous avons fait profiter notre édition. On y trouve en outre un curieux renseignement, à la fin du chapitre VIII, du traité de la main ; à la suite de ces mots : « Alia vero multa genera pluresque species conjunctionum in manu nostra reperiuntur », on lit : *Quæ in* SPECULO NOSTRO MUSICES *una cum istis distinctissime exponuntur*.

Faut-il en conclure que Tinctoris était auteur d'un ouvrage portant ce titre ? Il serait téméraire de l'affirmer sur le seul témoignage de ce manuscrit. Toutefois, ce renseignement donnera l'éveil aux investigateurs.

On remarquera aussi l'identité entre ce titre et celui que porte un des traités de Jean de Muris [1].

La troisième copie de Tinctoris est à la bibliothèque de l'Université de Gand, dans un beau manuscrit renfermant un certain nombre de traités sur la musique. Ce manuscrit contient tous les traités de Tinctoris, moins ceux de *la Main musicale*, *de la Nature et de la Propriété des tons* [2], de *la Valeur régulière des notes*, du *Contrepoint* et le *Diffinitorium*. Le traité des *Effets de la musique* y est en entier.

Le texte et les exemples sont moins corrects dans ce manuscrit que dans ceux de Bruxelles et de Bologne ; toutefois, il ne nous a pas été inutile.

C'est d'après ces trois manuscrits que nous avons établi l'édition que nous publions [3].

Avant de donner quelques indications sur les traités de Tinctoris, nous allons présenter une notice sommaire sur la vie de cet illustre musicologue.

A l'occasion du projet formé par la ville de Nivelles d'élever une statue en l'honneur

---

1 SCRIPT., t. II, p. XV et 193.

2 Fétis (Biogr. univ. des musiciens, vº Tinctoris) dit que le ms. de Gand contient aussi le *Traité de la nature et de la propriété des tons* ; mais nous avons fait voir (Script., t. II, préface, p. XXIII) que le traité du ms. de Gand, qui d'ailleurs porte pour titre : « *Tractatus de natura et distinctione tonorum musicæ* », n'a rien de commun avec l'ouvrage de Tinctoris.

3 « Scriptores de musica medii ævi », t. IV, p. 1.

de JEAN TINCTORIS, l'origine de cet artiste a été examinée et discutée. Il ne nous est pas possible d'entrer dans les longs détails qu'a soulevés cette question ; nous allons nous borner à résumer les faits acquis.

Jusqu'à présent les auteurs avaient adopté les allégations de TRITHÈME qui s'exprime ainsi :

« Jean Tinctoris, Brabançon de nation, natif de Nivelles et chanoine de cette
« ville, docteur en droit, autrefois archi-chapelain et chantre de Ferdinand [1], roi de
« Naples, savant universel, grand mathématicien et excellent musicien, doué d'élo-
« quence, a écrit et écrit encore plusieurs ouvrages par lesquels il se rend utile à ses
« contemporains et recommandable à la postérité. Je n'ai trouvé que ceux-ci sur la
« musique : trois livres sur le contrepoint ; un livre sur les tons ; un livre sur l'origine
« de la musique. Il a écrit un grand nombre de lettres remarquables adressées à divers
« personnages. Il a peint un tableau dans lequel sont représentés tous les anciens
« musiciens, en considérant Jésus-Christ comme le plus grand chanteur. Il vit encore
« en Italie, où il écrit des ouvrages ; il est âgé d'environ soixante ans. Nous écrivons
« ceci sous le règne de Maximilien, le 1er septembre 1495 [2]. »

Ce passage ne semblait laisser aucun doute, d'autant moins que Trithème était contemporain de Tinctoris. Les biographes qui sont venus après lui se sont contentés de le copier sans autre examen.

Les érudits modernes sont plus difficiles.

Comme on ne connaissait ni la date de la naissance, ni celle de la mort de Tinctoris, un savant musicologue, M. Ed. Van der Straeten, a fait des recherches à cet égard. Il a découvert d'abord la date de la mort de notre artiste : le 12 octobre 1511, un

---

1 Ferdinand mourut le 25 janvier 1494.

2 Joannes Tinctoris, patria Brabantinus, ex civitate Nivellensi oriundus, et in Ecclesia ejusdem urbis canonicus, doctor utriusque juris, Regis Ferdinandi Neapolitani quondam archicapellanus et cantor, vir undecumque doctissimus, maximus Mathematicus, summus Musicus, ingenio subtilis, eloquio disertus, multa scripsit et scribit præclara opuscula, quibus se præsentibus utilem et posteris memorabilem reddit. Ex hiis solum reperi : in Musica. — De arte contra-

puncti, lib. 3. — Item de tonis, lib. 1. — De origine quoque musicæ, lib. 1. — Epistolas ornatissimas complures dedit ad diversos. — Figuram unam depinxit in qua omnes vetussimos musicos comprehendit, et Jesum Christum summum cantorem dixit. Vivit adhuc in Italia, varia scribens, annos habens ferme 60, sub Maximiliano Rege. Anno Domini quo ista scribimus 1495 ; indictione 13. (JOANNIS TRITHEMII OPERA.)

Pierre De Coninck présente un placet pour obtenir la prébende de Nivelles, devenue vacante par le décès de feu Jean Tinctoris [1].

Aidé ensuite par les investigations de son collègue aux Archives du royaume à Bruxelles, M. Galesloot, M. Van der Straeten a découvert, à la date de 1471, sur les registres des inscriptions à l'Université de Louvain, une mention ainsi conçue : « *M. Johannes Tinctoris, Morinensis dyocesis,* xvᵃ maij ».

Cette mention constate trois faits : 1° en 1471, JEAN TINCTORIS était à l'Université de Louvain pour y achever ou continuer ses hautes études ; 2° il était déjà Maître (Magister artium) [2] ; 3° il est né dans la Flandre occidentale.

Une autre mention inscrite sur le même registre, à la date de 1475, porte le nom d'un JACQUES TINCTORIS, de Poperinghe [3]. M. Van der Straeten croit que c'était un frère ou un neveu de JEAN. Cela n'est pas démontré, mais paraît probable.

Enfin, comme Tinctoris est un nom latinisé et que JEAN TINCTORIS était Flamand, M. Van der Straeten en déduit que son nom originaire était DE VAERWERE. Cette opinion est très vraisemblable [4]. Il faut remarquer toutefois que JEAN TINCTORIS conserve son nom latin dans tous ses écrits.

Quant à l'allégation de Trithème concernant Nivelles comme lieu de naissance de Tinctoris, ne peut-on pas l'expliquer de cette façon ? Tout porte à croire que Jean Tinctoris n'a reçu qu'un canonicat prébendaire : Trithème, qui n'était pas très sévère sur les renseignements qu'il recueillait, en aura conclu que Tinctoris était chanoine titulaire et natif de Nivelles.

Selon Trithème aussi, Tinctoris aurait été âgé de soixante ans en 1496. S'il en était ainsi, il en résulterait qu'il aurait été élève de Louvain à trente-cinq ans ; cela paraît fort douteux ; il est plus probable qu'il s'y est fait admettre à un âge voisin de vingt-cinq ans.

---

1 Fᵒ 1. Van eenen placet voer Peteren de Coninck, om te commen totter possessien van eender provende van Nyvele, vacerende by doode van wylen heeren JANNE TINCTORIS, ende dat auyt crachte van zekeren bullen apostolike, etc., de da-a xijᵉⁿ octobris anno [xvᵉ] xjᵒ, signata Hane.
vij. st. vj den.

2 Il se dit lui-même Maître ès-arts.

3 « Jacobus Tinctoris, de Poperinghe, Morinensis diocesis. In artibus, xxvᵃ februarij [1475]. »

4 Tous les noms flamands sont latinisés au xvᵉ siècle à l'Université de Louvain.

En résumé, Tinctoris paraît être né vers 1445; il était originaire du diocèse de Thérouane, probablement de Poperinghe; il a été élève de l'Université en 1471; il était déjà Maître (sans doute Maître « ès-arts »). Il est décédé en 1511.

Dans divers endroits de ses traités, Tinctoris se dit licencié « ès-lois et ès-arts » et professeur de musique. Il était très versé dans la théorie musicale; il avait étudié cet art dès sa jeunesse.

On ne saurait dire au juste en quelle année il partit pour l'Italie; mais on sait qu'il était en 1476 à Naples, et qu'il y remplissait les fonctions de chapelain du roi Ferdinand d'Aragon. Tinctoris déclare lui-même, à la fin de son traité « de la Nature et de la Propriété des tons », qu'il acheva cet ouvrage le 6 novembre 1476.

Son traité de Contrepoint fut terminé l'année suivante.

Dix ans plus tard, le 15 octobre 1487, il reçut du roi Ferdinand, auprès duquel il jouissait d'une grande faveur, un témoignage de haute confiance qui prouve combien le Prince tenait en estime le savoir de son chapelain. Il lui donna mission de se rendre en France et en Allemagne, et d'y choisir des chanteurs habiles et renommés pour le service de sa chapelle; cela résulte d'une lettre écrite à cette date par le roi Ferdinand [1]. Fétis en a conclu [2] que Tinctoris était retourné cette année-là à Nivelles, où, selon le même écrivain, adoptant l'opinion de Swertius, Tinctoris aurait fini sa carrière. Mais cette assertion, qui n'a d'autre appui que la lettre citée, est en contradiction formelle avec le passage de Trithème cité plus haut, qui affirme qu'en 1495 Tinctoris était encore en Italie. S'il est allé à Nivelles, ce ne peut donc être que postérieurement au 1er septembre 1495; mais aucun document ne vient nous renseigner à cet égard. Rien ne constate surtout qu'il y soit venu finir ses jours.

Tinctoris passe pour avoir été le fondateur de l'école publique de musique de Naples. C'est encore une assertion dénuée de preuve. Il est seulement constaté que Tinctoris était chapelain du Roi et professeur de musique, de droit et de mathématiques.

Tinctoris était en rapport avec la plupart des plus célèbres musiciens de son temps.

---

1 Cette lettre est en la possession de M. Scipion Volpicelles, de Naples. Adrien de La Fage en a publié une traduction française en 1850 (*Gazette musicale de Paris*, n° 51.) M. Van der Straeten en a pris copie. Il compte la publier avec d'autres documents dans son intéressant ouvrage intitulé : « La musique aux Pays-Bas avant le xive siècle. »

2 « Biographie universelle des musiciens », 2e édit. t. viii, p. 227.

Les noms de : ANTOINE BUSNOIS, JEAN OCKEGHEM, FIRMIN CARON, GUILLAUME FAU-
GUES, JEAN REGIS, JACQUES CARLIER, ROBERT MORTON, JACQUES OBRECHT se
présentent à chaque instant sous sa plume, soit pour invoquer leur autorité, soit pour les
critiquer dans leur manière d'appliquer certaines règles de contrepoint ou de notation.

Il n'avait pas en moindre estime les œuvres de leurs prédécesseurs, DUNSTAPLE, GUIL-
LAUME DU FAY et GILLES BINCHOIS.

« Qui ne connaît, dit-il, ces célèbres artistes dont les compositions sont répandues
« dans le monde entier, dont les doux accents doivent être réputés tout-à-fait dignes,
« non-seulement des hommes et des héros, mais aussi des dieux. ₁ »

Voici maintenant une indication sommaire des œuvres théoriques, qui se composent de
onze traités :

Le premier (p. 1 à 16) porte pour titre : *Expositio manus secundum magistrum Johannem Tinctoris, in legibus licentiatum ac Regis capellanum*. C'est un traité de solfége
selon la méthode de Guido d'Arezzo. Il contient neuf chapitres. Parmi les exemples
notés, on y trouve (p. 16) un *Kyrie* à trois voix de la composition de Tinctoris.

Le deuxième traité (p. 16 à 41) est intitulé : *Liber de natura et proprietate tonorum, a Magistro Johanne Tinctoris, legum artiumque professore compositus*. Cet ouvrage,
dédié à JEAN OCKEGHEM et à ANTOINE BUSNOIS, est un traité complet de plain-chant. Il
comprend cinquante et un chapitres et renferme environ cent exemples.

Le troisième (p. 41 à 46) a pour titre : *Tractatus de notis et pausis, a Magistro
Johanne Tinctoris in legibus licentiato, Regisque capellano*. Ce traité, dédié à un
musicien nommé MARTIN HANARD, chanoine de Cambrai ₂, est divisé en deux livres. Le
premier parle des notes, et le second des pauses.

Le quatrième traité (p. 46 à 53) est désigné ainsi : *Tractatus de regulari valore
notarum*. Dans cet ouvrage, l'auteur traite des modes, des temps et des prolations.

Le cinquième (p. 53 à 66), intitulé : *Liber imperfectionum musicalium notarum*, est
dédié à JACQUES FRONTIN ; il est divisé en trois livres. L'auteur y élucide l'une des
matières les plus difficiles de la pratique musicale de cette époque.

Le sixième (p. 66 à 70) est ainsi nommé : *Tractatus alterationum*. Il est dédié à

1 Voir plus loin p. 77.

GUILLAUME GUINGNAND, proto-chapelain du duc de Milan. Tinctoris y expose cette théorie avec clarté.

Le septième (p. 70 à 76) a pour titre : *Scriptum magistri Johannis Tinctoris super punctis musicalibus*. Les points jouaient un grand rôle dans la notation de cette époque ; l'auteur en fait une exposition claire et précise.

Le huitième (p. 76 à 153) est intitulé : *Liber de arte contrapuncti a Magistro Johanne Tinctoris, jurisconsulto, musico, serenissimique Regis Siciliæ Capellano*. Il est dédié au Roi et divisé en trois livres. Il fut achevé à Naples, en octobre 1477. C'est sans contredit le plus important ouvrage de Tinctoris. Il s'y montre d'une supériorité incontestable sur tous ses contemporains qui ont traité le même sujet. On y trouve environ quarante exemples de contrepoint à trois, quatre et cinq parties. Quelques-uns sont de lui ; mais la plupart sont tirés de chansons et de messes d'artistes contemporains ou de l'époque antérieure.

Le neuvième (p. 153 à 177), désigné sous le nom de : *Proportionale musices*, est divisé en trois livres. Tinctoris y traite des proportions temporaires des notes dans la notation de son temps.

Le dixième (p. 177 à 191) porte pour titre : *Johannis Tinctoris ad illustrissimam virginem et Dominam D. Beatricem de Aragonia*, DIFFINITORIUM MUSICES. C'est un dictionnaire de termes de musique usités au XVe siècle. Les définitions y sont claires et précises. Elles sont d'un grand secours pour l'intelligence des auteurs de cette époque.

Le *Diffinitorium* est le seul ouvrage de Tinctoris qui ait été imprimé. Il en a été fait plusieurs éditions. La première porte le titre que nous venons de transcrire. C'est un petit in-quarto de quinze feuillets, sans date et sans nom de lieu. Les bibliographes les plus célèbres, tels que Panzer et Brunet, varient sur la date de son impression. Il paraît néanmoins certain que l'opuscule a été imprimé avec des caractères romains de Gérard de Flandre, à Trévise. Or, celui-ci ayant commencé à imprimer en 1471, et l'ouvrage étant dédié à Béatrice avant qu'elle fût mariée, on peut conclure qu'il a été publié entre 1471 et 1476 ; et rien n'empêche d'admettre la date de 1474 attribuée par Burney [1].

La seconde édition a été donnée par Forkel dans sa « Littérature générale de la mu-

---

1 « A general history of music », t. II, p. 458, note *b*.

sique ː », d'après un exemplaire de la première édition qui se trouve à la bibliothèque de Gotha.

Une troisième reproduction du même texte a été publiée par Lichtenthal, d'après Forkel, dans son « Dictionnaire de la musique [2] ».

Une quatrième édition a été publiée, en 1833, par M. Henri Bellermann, aussi d'après l'exemplaire de Gotha. Cette édition est accompagnée d'une traduction allemande et de notes.

Notre édition de cet opuscule, qui d'ailleurs avait sa place marquée dans les œuvres complètes de Tinctoris, n'est pas une simple reproduction des éditions précédentes. Le manuscrit de Bruxelles contient quelques articles non imprimés dans les éditions citées.

Le dernier traité (p. 191 à 200) est intitulé : *Complexus effectuum musices*. L'auteur y parle des effets de la musique. Il est divisé en vingt et un chapitres. Le manuscrit de Bruxelles n'en contient que les neuf premiers. L'ouvrage est complet dans le manuscrit de Gand. Comme celui-ci contient quelques variantes, nous avons donné d'abord les neuf chapitres du manuscrit de Bruxelles, puis le traité entier d'après le manuscrit de Gand.

Il semble qu'on ne possède pas là tous les ouvrages de Tinctoris. Trithème en cite deux qu'on ne connaît pas, l'un intitulé : *De origine musicæ;* l'autre : *Epistolæ complures*. Ce sont deux pertes regrettables ; sa correspondance surtout où l'on aurait certainement trouvé des traces de ses relations avec les nombreux artistes belges et français cités dans ses ouvrages.

On a vu aussi [3] qu'un des manuscrits consultés par le P. Martini mentionne un ouvrage portant le titre de : *Speculum musicæ*, dont Tinctoris serait l'auteur.

Tel est l'ensemble des œuvres théoriques de Jean Tinctoris. Elles renferment les notions non-seulement les plus complètes, mais en même temps les plus lucides et les mieux exposées sur le plain-chant et la musique figurée au XVe siècle.

Tinctoris a laissé aussi des compositions.

---

1 « Allgemeine Litteratur der Musik, etc. » Leipzig. p. 298-313. 1792.

2 « Dizionario e bibliographia della musica », t. III,

3 Page VII et plus loin p. 37.

Nous avons de lui les morceaux qui sont répandus dans ses traités. On en connaît d'autres que nous allons signaler.

Les archives pontificales contiennent une messe de « *l'Homme armé* », à cinq voix [1].

La bibliothèque de Dijon possède une chanson à trois voix : « *Vostre regard si très fort m'a ferri* [2] ».

On trouve une chanson et un motet dans deux manuscrits de la bibliothèque Magliabechiana de Florence ; la chanson qui a trois voix, a pour titre : « *Invida fortuna* ». Elle est à la fois dans le manuscrit XIX, D. 59, et dans un autre manuscrit non catalogué, tous deux du XVe siècle.

Le motet : « *Virgo Dei* », à trois voix, est conservé dans le manuscrit XIX, D. 56, de la même bibliothèque. Le P. Martini l'a transcrit à la fin de sa copie des traités de Tinctoris. Nous possédons une copie de ces pièces.

Le recueil publié par Petrucci en 1501, sous le titre de : « *Harmonice musices odhecaton* », contient une chanson à trois voix de cet artiste, commençant par : « *Hélas !* [3] ».

Petrucci a inséré une « Lamentation » à quatre voix de Tinctoris, dans le « *Lamentationum Jeremiæ, prophetæ, liber primus* ». Venise, 1506.

Il existe quelques copies modernes des œuvres théoriques de Tinctoris ; elles ont été faites, d'après le manuscrit de Bruxelles, par Perne et Choron ; mais elles sont généralement fautives.

Pour établir notre édition, nous avons pris comme type le manuscrit de Bruxelles, sur lequel nos épreuves ont été soigneusement vérifiées par M. Edmond Van der Straeten, attaché aux Archives du Royaume de Bruxelles, dont les travaux sur l'histoire musicale ont mis en relief le savoir et l'érudition. Nous ne saurions passer sous silence M. Overleaux, chef de section de la bibliothèque royale de Bruxelles, et M. Bernard, sous-bibliothécaire à Gand, qui ont bien voulu nous prêter aussi leur utile concours.

---

1 BAINI, « Manuscrit sur la vie et les ouvrages de Palestrina », t. I, p. 96.

2 L'abbé STÉPHAN MORELOT, « Notice sur un manuscrit de la bibliothèque de Dijon », Paris, 1856.

3 CATELANI, « De due stampe ignote di Ottaviano ».

II

LES QUATRE PARTIES PRINCIPALES DE LA MUSIQUE
PAR SIMON TUNSTEDE.

(Page 200).

Ce traité est un des plus importants de notre recueil. Il forme en quelque sorte la transition entre le xiiie siècle et le xive.

Il a été attribué à Jean Hamboys, à Jean Tewkesbury et autres. Barney fait bonne justice de ces attributions pour le donner à SIMON TUNSTEDE. Les raisons qu'il expose ne sont pas péremptoires, mais elles semblent plausibles.

Simon Tunstede est né au commencement du xive siècle, dans le canton de Nord-wich. Il était moine franciscain et docteur en théologie. Simon Tunstede était très savant musicien. A la fin du traité, on lit qu'il a été terminé en 1351, et édité par un frère mineur de la maison de Bristol.

Le meilleur manuscrit de ce traité existe dans la bibliothèque d'Oxford. Notre copie a été faite par M. Georges Parker et revue sur l'original par notre ami William Chappell.

La partie relative à la musique figurée est extrêmement importante ; c'est, comme on vient de le dire, une sorte de trait-d'union entre le xiiie siècle et le xive. On lira avec le plus grand intérêt tout ce que Tunstede dit sur Franco et sur Philippe de Vitry.

III

MÉTHODE DE CHANTER SELON LES ANCIENS ET LES MODERNES
PAR JEAN GALLOIS.

(Page 298).

JEAN GALLOIS est le nom qui appartient à l'auteur désigné jusqu'à présent sous la dénomination de *Jean le Chartreux*, ou *Jean de Mantoue*. On ne connaissait qu'un manuscrit contenant le traité de Jean Gallois. Ce manuscrit est à la bibliothèque du British Museum, sous le n° 6525. Burney dit qu'il en existe un autre manuscrit au

Vatican, sous le n° 5904[1] ; mais Fétis, qui avait répété cette assertion dans la première édition de sa « Biographie universelle », déclare dans la deuxième édition[2] que Burney semble être dans l'erreur, attendu que Danjou, dans son voyage en Italie, en 1848, a consulté ce volume qui contient seulement les œuvres de Boece et d'un autre auteur qui n'est pas Jean Gallois.

Depuis quelques années, il en existe un deuxième exemplaire dans le British Museum, et c'est dans celui-ci que nous avons trouvé le nom de l'auteur, la date et lieu de sa mort. Ce manuscrit a été vendu à Paris, le 18 février 1858, avec la bibliothèque du marquis Costabili de Ferrare. Il a été acheté par la maison Boone, d'où il est passé au British Museum. Il y occupe aujourd'hui le n° 22315 des addit. mss. Ce manuscrit offre quelques différences avec l'autre et diverses particularités qui le rendent précieux.

A la fin de celui-ci on lit cette note : « Explicit liber notabilis musica venerandi viri « D^ni Joannis Gallici, multi inter musicos nominis, cujus ego Nicolaus Burtius, primum « discipulus, tunc in eo delectans, totum hunc propria manu ex eo quem ediderat « transcripsi, et notavi. Obiit autem vir iste, anno D^ni M CCCC LXXIII, cujus animam « Paradisus possidet, corpus vero Parma terra nobilis. »

Il y a là, comme on le voit, des renseignements importants. Cette note nous apprend que l'auteur s'appelait *Johannes Gallicus*, qu'il est mort en 1473 et enterré à Parme, et que le volume a été transcrit par *Nicolas Burtius*, de Parme, qui s'y dit élève de Jean Gallois. Ces deux mss. offrent au premier abord des ressemblances de transcription qui les font croire de la même main ; mais un examen attentif fait disparaître cette opinion. La différence dans les abréviations ne laisse pas de doute.

Notre copie a été faite sur les deux mss. Elle a été collationnée par notre ami William Chappell ; et M. Raymond Schlecht a bien voulu revoir les épreuves imprimées. Les deux mss. contiennent néanmoins des différences. Le n° 6525 est privé de deux feuillets qui étaient déchirés avant la reliure du volume. Cette lacune comprenait le quatrième

---

1 A general history of music, t. II, p. 348.

2 M. Fétis aurait dû rectifier aussi le passage dans lequel il rapporte que le Ms. de Gand contient le traité de Jean Gallois ; l'ouvrage qu'il attribue à ce dernier auteur est un traité de Jean de Richel, moine chartreux de Bure-monde, que nous avons édité dans le t. II, p. 434 de notre collection. Il serait temps d'effacer de telles erreurs et de ne pas les maintenir sous le couvert d'une autorité comme Fétis.

chapitre du volume. Ce chapitre a été rétabl d'après l'autre ms. Les deux autres omissions sont, savoir : la première (p. 325, c. 1, ligne 13), à partir de : *In ordine super particulari tenet*, jusqu'à la page 326, c. 2, lig. 1 : *Una sibi data sexquioctava*. La seconde omission est plutôt une interversion qu'une omission.

Mais il y a encore deux autres différences : ce qui se trouve page 367, c. 2, lig. 1 : *Inchoationes psalmorum*, jusqu'à p. 371, c. 1, lig. 5 : *Ubi per ♮ quadrum*, est dans le ms. 6505 ; et ce qui est à la p. 371 : *Ubi per ♮ quadrum*, jusqu'à la p. 372, c. 2, l. 29 : *Explicit liber*, etc., est dans le ms. addit. 22,315.

La nationalité de Jean Gallois ne saurait être douteuse. Il dit lui-même en deux endroits de son livre qu'il était Français. « Gallia namque me genuit (p. 299). » « Hæc omnia Namurci didiceram a cunabulis, quod est oppidum in *Gallia*. » Quel est ce lieu appelé *Namurci?* Nous avons vainement cherché dans tous les vocabulaires latins de noms de lieux sans découvrir celui-ci en France. Il est à craindre qu'il y ait là quelque erreur de transcription. Quoi qu'il en soit, il ne saurait y avoir de doute sur sa qualité de Français.

Il apprit la musique dès son jeune âge dans son pays natal. « Gallia namque me « genuit et *fecit cantorem* », p. 299, c. 1. Mais il fit ses hautes études musicales en Italie, sous Victorin de Feltre. « Italia vero qualemcumque sub *Victorino Feltrensi*, viro tam litteris « græcis quam latinis affatim imbuto, grammaticum et musicum. — Italia « civitas indignum Cartusiæ monachum — » (Ibid.) Et ailleurs, p. 345, c. 1 : « Sed « cum ad Ytaliam venissem ac sub optimo viro Magistro Feltrensi, musicam Boecii « diligenter audissem, qui me prius musicum estimabam, vidi necdum veram hujus « artis attigisse praticam. »

Nous avons vu que Jean Gallois était mort en 1473, mais nous n'avons pas de renseignements aussi positifs sur sa naissance. Voici ceux dont il est permis de conjecturer qu'il est né au commencement du xve siècle.

Fétis estime que Jean Gallois vivait à la fin du xive siècle, parce qu'il parle de Marchetto de Padoue ; mais cette assertion n'est nullement concluante.

Jean Gallois dit au commencement de son traité (p. 298) qu'il a commencé son traité du vivant du Pape Pie II ; or, ce Pontife a régné de 1458 à 1464. Cet ouvrage a donc été écrit dans cet intervalle. D'un autre côté, on vient de voir qu'il a eu pour maître Victorin de Feltre, qui vécut de 1378 à 1446. Or, celui-ci fut au service du prince Jean-François Gonzague en 1442, ce qui démontre encore que Jean Gallois est né au commencement du XVe siècle. Il est permis de supposer que Jean Gallois avait au moins vingt-cinq ans lorsqu'il reçut des leçons de Victorin de Feltre; il faudrait aussi reporter la date de sa naissance vers 1415, ce qui paraît concorder avec la date de sa mort.

Jean Gallois traite dans son ouvrage des matières qui avaient été abordées par d'autres théoriciens; mais il le fait d'une manière originale. Il paraît être le seul auteur qui ait reproduit le tableau de Pythagore.

Il exerce de sévères critiques contre Ptolémée, contre Pythagore et surtout contre Marchetto de Padoue. En somme, son traité est très intéressant au point de vue du plain-chant, de l'harmonie et de plusieurs questions toutes spéciales.

IV

TRAITÉ DE MUSIQUE FIGURÉE PAR ANTOINE DE LUCQUES.

(Page 421).

Le traité qui semble devoir être attribué à ANTOINE DE LUCQUES et auquel nous donnons le titre ci-dessus se trouve dans un ms. provenant de la vente de Hercule de Silva, qui a eu lieu à Paris, en février 1869. Il fait aujourd'hui partie de notre bibliothèque. Ce manuscrit se compose de quarante-cinq feuillets numérotés en chiffres romains jusques et y compris le feuillet XXXIX. Le premier feuillet manque. Il contenait probablement le *prohemium* du traité dont nous allons parler. Ce traité prend les XV premiers feuillets. Avec le fol. XIV commence le *Lucidarum* et le *Pomerium* de *Marchetto de Padoue*, avec quelques bonnes variantes.

Les fol. XL, XLI et XLII recto contiennent la deuxième partie du traité publié dans le tome III, sous le n° XXXII. Les exemples y sont plus complets que dans l'édition sus-indiquée.

Avec le feuillet XLII v° commence un traité ainsi intitulé : *Tractatus pulcher quem composuit venerabilis presbiter Nicolaus Parmensis.*

C'est un traité de Nicolas Burtius. Ce traité n'est pas inédit.

Revenons maintenant au premier traité attribué à *Antoine de Lucques.*

La note qui nous révèle le nom de cet auteur nous donne en même temps le nom d'un autre musicien également resté inconnu. Voici cette note : « Traité pratique du « chant mesuré de Jean de Muris qui m'a été enseigné par mon maître *Laurent de* « *Civita-Vecchia,* très savant en cet art et dans les autres, chanoine de Sainte-Marie- « Majeure. »

Le traité d'*Antoine de Lucques* n'est lui-même qu'une compilation ; mais on y trouve des explications et des exemples qui viennent élucider bien des points obscurs ou incertains sur la musique mesurée des XIVe et XVe siècles. C'est à ce titre que nous avons jugé à propos de l'insérer dans notre collection. Il renferme surtout un traité spécial sur les ligatures, l'une des matières les plus difficiles de la notation des XIVe et XVe siècles.

V

TRAITÉ DE MUSIQUE FIGURÉE ET DE CONTREPOINT
PAR UN ANONYME.

(Page 434).

Ce traité, essentiellement pratique, est, suivant nous, d'une grande importance au point de vue des compositions à plusieurs parties.

La première partie enseigne par tableaux les nombreux changements de modes, de temps et de prolation. On y voit par un simple coup d'œil les valeurs qu'avaient chaque mode, temps ou prolation.

Au sujet du contrepoint, il n'est pas moins utile.

C'est un résumé exact et bien fait de tous les accords dont il était permis de faire usage.

Le traité finit par un certain nombre d'exemples qui font encore mieux saisir la méthode.

Il fait partie d'un manuscrit de la Bibliothèque nationale de Paris (fonds Sorbonne, n° 1479). Il est écrit sur papier ; la reliure porte les armes du cardinal de Richelieu.

A la suite de ce traité se trouvent un certain nombre de chansons latines, françaises et flamandes, à trois ou quatre parties, dont quelques-unes sont attribuées à Busnois, à Jean Jappart et à des anonymes.

En terminant, nous exprimons nos vifs regrets de n'avoir pu donner dans ce volume le traité de Jean Tewkesbury et celui de Aelred Theinred. Nous avions, ainsi que notre imprimeur, conçu cet espoir ; mais le texte et les nombreuses planches qui se trouvent dans Tinctoris et dans Jean Gallois ont complètement dérangé les calculs.

Dans une publication de la nature de celle-ci, comprenant mille à douze cents pages, il serait difficile qu'il ne se fût pas glissé des erreurs typographiques et même des inexactitudes de lecture. Nous ne nous en défendons pas, mais nous avons besoin de faire certaines réserves. D'abord nous avons essentiellement tenu à reproduire les manuscrits dans leur intégrité, sans corriger ce qu'on appelle des fautes de rédaction et sans vouloir opérer de changements dans certaines expressions adoptées par les auteurs. Si, dans certains passages, on avait fait des changements que semblent réclamer soit le sens, soit la correction de langage, on aurait altéré le sens même qu'avait voulu donner l'auteur.

Est-ce à dire que notre collection ne contient pas d'erreurs? Nous sommes loin de le prétendre.

Nous avions conçu un instant le projet de publier un errata général à la fin du t. IV. Nous nous bornons à donner le corrigenda du t. IV, abandonnant aux lecteurs intelligents le soin de corriger un certain nombre d'autres fautes.